新聞を活用して深い学びを

「新聞で授業が変わる　学習指導要領に沿って　NIE ガイドブック小学校編」を手に取っていただき、ありがとうございます。

2020 年度から小学校で実施されている学習指導要領には、新聞の活用が「総則」に明記されています。「主体的・対話的で深い学び」をキーワードに、子供たちが自分の力で人生を切り開くため、社会に興味を持ち関わることの重要性を説いています。

学習指導要領が求める深い学びを実現するのが NIE です。ぜひご活用ください。

このガイドブックの特徴

① 学習指導要領に沿った全教科・領域の実践例

実践経験豊かな先生が簡潔にまとめた授業計画と板書計画を掲載

②「主体的・対話的で深い学び」を重視

実践例が「主体的」「対話的」「深い学び」の何に該当するのか一目で分かるようワッペンを記載

③「NIE タイム」の紹介

新聞をまるごと読んで無理なく確実に子供を伸ばす「NIE タイム」について、新聞協会の関口修司 NIE コーディネーターが執筆

NIE について詳しく知りたい方は、新聞協会の NIE ウェブサイト（https://nie.jp/）をご覧ください。新聞を活用した授業の実践例、記者らが新聞のつくり方や取材にまつわる話などを解説する「出前授業」、新聞各社による学校向けのワークシート教材も紹介しています。

新聞のしくみを知ろう！

時間がない人こそ新聞で情報収集！

新聞の大きな特長は一覧性です。紙面全体が見られるので、一通りページをめくって眺めるだけで、必要なことがざっと分かるようにつくられています。

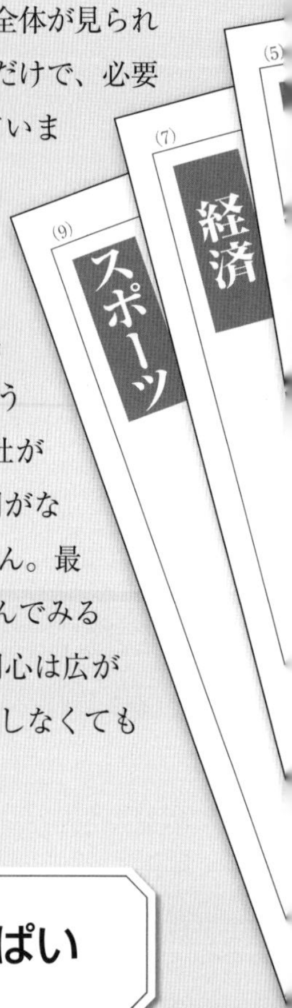

そのための工夫が見出しです。見出しは 10 文字程度で記事の内容を伝えるための、究極の「要約」と言えます。見出しを読むだけで、何があったか分かるようにできています。また、見出しは新聞社が重要だと思う順に大きくなります。時間がなければ、見出しを読むだけでも構いません。最初は、興味のある面の見出しを中心に読んでみるのも手です。読み続けるうちに、興味関心は広がるものです。最初からすべてを読もうとしなくてもよいのです。

新聞記事は工夫がいっぱい

新聞記事の文章も時短のための工夫が詰まっています。まずは、リード（前文）。トップ記事など、大きなニュースには、本文の前に記事のポイントをまとめたリードが掲載されます。見出しとリードを読めば、記事の概要が分かるようになっています。また、ほとんどの記事は、大事な内容から先に書く「逆三角形」のスタイルでできています。時間がなければ、記事の終盤は読み飛ばしてしまっても構いません。

新聞記事には写真や図、表やグラフと組み合わせたものも多くあります。記事の内容をより分かりやすく伝えるための工夫です。連続型テキスト（文章）と非連続型テキスト（写真や図表などの資料）を関連づけて読む力をつける上で、新聞は格好の教材と言えるでしょう。

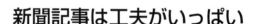

ページ
新聞の面ごとにページ数が書いてある
版
新聞は配達地域によって内容が変わり、版も切り替わる。印刷所に近い版ほど新しいニュースが入る
第3種郵便物
毎日発行する新聞は、第3種郵便物として認可されており、通常より郵便料金が安い
カット見出し
見出しを強調する時に使う。色々な種類の模様がある
発行日
新聞が発行された日付
号数
創刊（1号）から、その日の新聞までの通し番号
コピーライト
著作権がその新聞社にあることを示す
（1）　14版　1943年7月5日第三種郵便物認可
あおぞら新聞
0XX年（○○XX年）X月X日　X曜日　XXXX号　©あおぞら新聞社（日刊）
あおぞら新聞
題字（題号）
新聞の名前
主見出し
袖（そで）見出し
準トップ記事
トップ記事
題字下広告
1段
今日の紙面
前文（リード）
トップ記事など長い文章の場合、ポイントを短くまとめることが多い。多くは段組みになっている
トップ記事
その日に一番大きく伝えたいニュース。新聞社ではアタマ記事とも言う。記事はおおむね新聞社が重要だと思う順に右→左、上→下に並んでおり、左上が次に伝えたい準トップ記事（カタ記事）になる
突き出し広告
インデックス
1面以外に載っているおすすめ記事の要約とページ番号。気になる記事があれば、そこから読んでもよい
コラム
世の中の出来事や話題を扱った文章。記者の意見や感想が含まれる
記事下広告

NIE
タイム

授業以外のすきま時間で 主体的に新聞を読む子供を育てる

新聞はできれば、まるごと読ませたいものです。まるごと読むことで子供たちは、世の中のさまざまな出来事がつながっていて、多面的・多角的な見方・考え方ができることに気づきます。また、論理的・実用的な文章から文学まで、多様な文章に接することで、読む力を育みます。新聞を読み、知識や理解が点から線、線から面に広がる、学びの楽しさを実感させましょう。

「NIEタイム」で 新聞スクラップ

新聞を授業以外で活用する代表といえば、「NIE タイム」です。この学習活動は、朝読書のような授業以外のすきまの時間を活用するものです。週に1回程度、授業とは別の時間に行います。例えば、毎週水曜日の朝8時30分から15分間、取り組みます。主な活動は、子供が新聞から興味関心のある記事を選び、それを切り取り、台紙やノートに貼り付け、要約や感想・意見などを書く新聞スクラップです。

「中学生だって新聞は難しいのだから、小学生には無理」との心配はいりません。低学年の子供が興味関心をもつような写真や広告は必ず載っています。子供たちは、多くの写真からお気に入りのものを切り取り、簡単な感想を書きます。吹き出しの紙を用意して貼れば、より書きやすくなります。「すごい」「きれい」「大すき」からのスタートです。

中学年なら写真と見出し、高学年以上なら記事全体を使って感想や意見などを書きます。週1回実施している学校では、3か月程度で書く量・内容ともに明らかに伸びています。子供が自ら成長を実感するようになると、さらに読解力、要約力、学びに向かう意欲も向上します。

ここでの指導のポイントは、文章の細かな誤りを指摘せず、小さな良さを認めること。でき上がった作品は、すぐに返すのがポイントです。良い箇所に下線を引き、「good」と書けば十分です。これなら1人当たり10秒もかかりません。ただでさえ忙しい先生が、丁寧にコメントを書く必要はないのです。NIE タイムは、授業ではありません。ねらいも成績の評定もいらないのです。

ワンポイント アドバイス

いわゆる朝学習の時間によく行われるNIE タイムですが、朝は既にさまざまな活動がされていると思います。朝が難しければ、例えば「帰りの時間」や「午後の授業時間の前」「総合的な学習の時間」に位置付けることもできます。まずは、教務担当と相談しながらアイデアを出し合ってください。

もっと詳しく！

スクラップのほか、1分間スピーチやワークシート学習、新聞クイズなど、NIE タイムのさまざまな活動例を紹介しています。学校の実情に合わせて取り組んでみてください。

https://nie.jp/nietime/

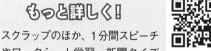

読むことが議論を生み 考えを深める

新聞を読むようになって数か月すると、考える土台となる知識が徐々についてきます。十分な知識とまではいきませんが、世の中のさまざまな出来事とつなげて考えることもできるようになってきます。そうなれば自分の考えを仲間に伝えたくなるものです。

まずは、子供が各自選んだ記事の感想を交流させてみてください。4人程度のグループで発表の順を決めて進めると効率よくできます。手順は、まず記事の見出し、次に要約を言い、続いて感想を発表し、最後にその発表についてグループ内で感想などを交換して終わります。時間は、1人当たり2分程度。決められた時間内で進めることがポイントです。発表が終わったら必ず拍手で次の発表者に引き継ぐと、グループごとの時間差もできません。

さらに、その活動をレベルアップしてみましょう。子供同士で選ぶ記事のテーマを決めて新聞を読みます。新聞は同じものでも複数の異なる新聞でも差し支えありません。テーマに沿って選んだ記事をもとに議論します。上記と同様にグループで発表順を決め、見出し、要約、感想・意見の順に発表します。1人1分程度。全員の発表が終わったところで自由に感想を述べ合います。その際、A3判大の紙やホワイトボードに皆でメモを書き込み、思考を可視化して議論すると、考えの共通点や相違点が明らかになります。議論が深まり、多面的・多角的な理解ができるようになります。

先生も子供も 「無理せず、こつこつ」

NIEタイムを経験した多くの子供が同じように口にする言葉があります。始めた頃は「難しい」「面倒くさい」「できない」。しかし、3か月後には多くの子供が「できるようになった」「読めるようになった」「書けるようになった」に変わってくるのです。そのことから言えることがあります。それは、NIEタイムを始めた際に、子供の背中を上手に押せる先生であってほしいこと。3か月後の子供の成長を信じて、子供の良さを見つけ励まし続けてください。成長を実感するようになったら、先生は見守るだけ。子供たちは主体的に取り組むようになります。主体的な学びは、そこから始まるのです。

そのときが来るまで、先生も子供も、「無理せず、こつこつ」続けてください。

新聞を手に入れよう

NIEタイムで問題になるのは、いかに新聞を確保するかです。

一つは、新聞を購読している家庭の子供が数日分を持ってくること。この方法であればお金はかかりません。もう一つは「教材用価格」で購入すること。学校や学年・学級でまとめると、1紙当たり数十円で購入できます。週1回のNIEタイムなら、年間でおよそ35回。年間1000〜1800円程度です。1人当たり月150円程度なら、教材費として集めることも可能ではないでしょうか。

もっと詳しく!

教材用価格が設定されている新聞を一覧で紹介しています。購読条件（同一日付で10部以上、など）、申し込み方法、問い合わせ先も掲載。ぜひご活用ください。
https://nie.jp/teacher/book/

国語

本事例のNIE
新聞活用・新聞機能・新聞制作

事例のアクティブラーニングの重点
主体的・対話的で深い学び

第1～3年

読んでみたい記事・役立つ記事

1 小単元名　**初めてのNIEタイム**（3時間と朝の「NIEタイム（複数回）」）

2 本時の目標　新聞を読み、自分の生活に役立つ情報を見つけ、その情報を友達と共有することができる。

3 NIEとしての狙い　新聞は「難しいニュースが載っている大人の読み物」というイメージを持つ前に、自分の生活に役立つ楽しい記事がたくさんあることに気付き、新聞との楽しい出合いをつくる。

4 本時の展開（3時間）

時	主な発問	学習活動／○児童の反応	留意点／○資料等
1	• 新聞を読んで、見つけた記事を友達に紹介しましょう	▶新聞について自分の経験を振り返る。 ○おじいちゃんがいつも読んでいるけど、自分は読んだことがない ▶新聞の読み方を知り、実際に読む。 ○折りたたむと机の上で読めるね ○この写真、面白いよ	• 新聞の「トップ」「カタ」「見出し」「リード（文）」などの名称を紹介する。 • 折りたたみながら読む方法を教え、バラバラにならないように指導する。
複数回	• たくさんある記事の中から、1番気になった写真を切り取ろう	▶気に入った写真を切り取って貼り、思ったことを書く。	• 朝の「NIEタイム」で継続する。
2（8月に実施）	• 8月に多くの新聞が取り上げる記事は何でしょう • 戦争についてどう思いますか	▶戦争の記事でそろう新聞を見て、各社の記事を読み比べる。 ▶戦争に関する絵本を読み聞かせる。 ▶戦争を繰り返さないよう、知ることの大切さに気付かせたい。	• 主に小学生新聞を取り上げ、内容が理解できるようにする。 ○絵本も参考になる 「かわいそうなぞう」土家由岐雄著 「へいわってすてきだね」安里有生・長谷川義史著
3（本時、10月）	• トップ記事がそろうときを当てよう。どんな時にそろうと思いますか • どんな記事を読みたいですか	○大きなニュースがあったとき ▶ワークシートの記事を読み、感じたことを書く。 ▶友達と感想を交流する。	• 児童が興味をもちそうな記事を選び、ワークシートを作成する。 ○料理のレシピ、整理整頓の方法、親子で学ぶ「オリンピックの公式手拍子」、本の紹介など

5 本時の板書計画

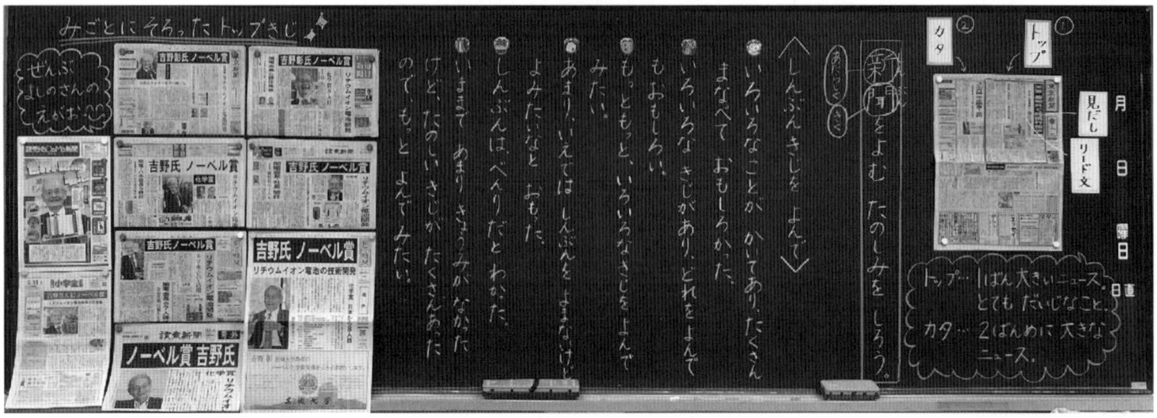

朝日新聞・毎日新聞・読売新聞・東京新聞・産経新聞（2019年10月10日付朝刊）、毎日小学生新聞2019年10月10日付
読売KODOMO新聞2019年10月17日付、朝日新聞号外・読売新聞号外（2019年10月9日付）

東京新聞2019年5月16日付朝刊

❻ 資料、ワークシート等

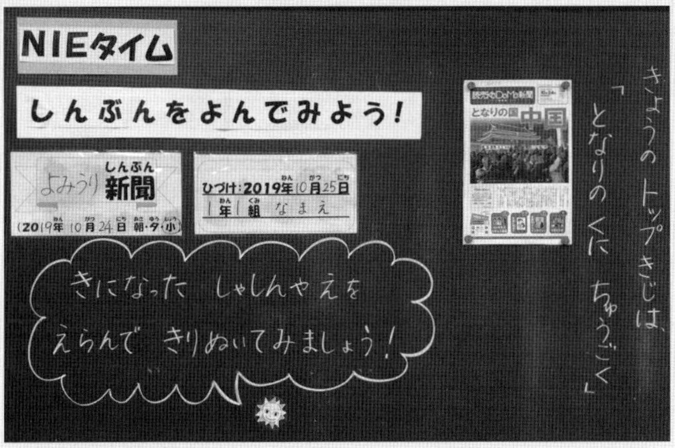

読売KODOMO新聞2019年10月24日付

毎日使うワークシート

しんぶんを よんでみよう！

新聞《しんぶん》

（　　年《ねん》　月《がつ》　日《にち》 朝《あさ》・夕《ゆう》・小《しょう》）

ひづけ：2019ねん　　がつ　　にち

ねん　くみ

きりとった しゃしんを みて、おもったことを かきましょう。

空白部分に、切り抜いたお気に入りの新聞記事（写真・絵）を貼る。

朝学習の時間（15分間）、「NIEタイム」では毎回同じワークシートを使う。「トップ記事の紹介をする、記事を読みお気に入りの写真を見つける、切り抜いて貼り思ったことを書く」といった活動も、継続することで時間内にできるようになった。

テーマに沿ったワークシート（表）

よんでみたい きじ、 やくだつ きじ　　なまえ（　　　　　　）

しんぶんには、にほんや せかいの ニュースが たくさんのっています。また、せいかつのなかで やくだつ じょうほうも のっています。たくさん ある きじのなかで、「よみたい！」と おもう きじを みつけられると しんぶんを もっと たのしく よむことが できます。

納豆《なっとう》とひき肉《にく》のレタス巻《ま》き

レシピは中国新聞《ちゅうごくしんぶん》デジタルで

「とっておきのレシピ」を、エピソードとともにお寄せください。思い出の味、元気の出るメニュー、旅先で覚えたお気に入りの一品など、今も作るものなら何でも結構です。〒730-8677 中国新聞社文化部「とっておきのレシピ」係▽メールkurashi@chugoku-np.co.jp

東《とう》京《きょう》新《しん》聞《ぶん》

2019.10.20. 東京

住まい彩り

文具《ぶんぐ》の整理《せいり》

目的別に箱で仕切る

文具《ぶんぐ》の引《ひ》き出《だ》し整理《せいり》の一例《いちれい》

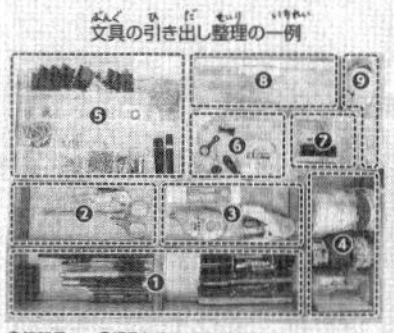

❶筆記具　❷切るもの（はさみ、カッター）
❸貼る・留めるもの（のり、テープ、ホチキス）
❹付箋やマスキングテープ　❺小分けしたクリップ類、切手、印鑑など　❻はかるもの（メジャー、レタースケール）
❼フラッシュメモリー　❽替え刃やミニドライバー
❾メモ用紙や一筆箋

急に肌寒くなり、秋が深まってきました。抜けるような青空のもと、自然や街の中に繰り出したくなりますね。行ってみたい場所やイベント情報を、前もって新聞や雑誌から切り抜いておいたり、手土産に一筆添えたり。ご無沙汰している方にお便りをしたためるにも、いい季節ではないでしょうか。

そんな時にサッと必要なものが取り出せるよう、文房具などの家庭事務用品を整理してみませんか。油断していると、買い足した記憶もないのにボールペンなどが大量に増えていて、一番書き味の良いペンが下の方に埋もれてしまったり、いざという時に限って、筆ペンがかすれてご祝儀袋に書けなかったりします。

筆記具を、ペン立て代わりのマグカップなどに、ぎゅうぎゅうに入れっぱなしにしていませんか？　それでは管理が行き届きません。ペンやフェルトペンがそれぞれ何本あるかを把握しにくいうえ、キャップが外れてインクが乾いていたりするからです。

そこで私は文房具を平たい引き出しに、種類別に重ならないように並べる「ひと並べ」方式をお勧めしています。

よく使《つか》うものを手前《てまえ》に

すべての道具に通じることですが、まずは、本当に使い勝手の良い「レギュラー」だけを選んで「ベンチ入り」させるつもりで入れていきましょう。

手前から順に、使用頻度の高いペンなどの筆記具、ハサミなど切る道具、のりなど貼る道具、レタースケール（郵便物の重さを量るもの）やメジャーなどはかる道具…と、目的別に箱やケースを使って仕切って入れると、ひと目で取り出しやすくなります。

残った「二軍」の文房具は、ストックとして深さ三㌢くらいの菓子箱などに入れて、レギュラーの下に重ねて置いてはいかがでしょうか。

細かいクリップ類などは、使わなくなったピルケース（薬の携帯用ケース）、アクセサリーケースなど、細かく仕切られたものを再利用すると便利です。一筆箋やメモ紙は、側面に立てられます。

わが家では署名押印、切り取りといった事務は食卓のテーブルで行うことが多いので、すぐそばの食器棚の平たい引き出し（幅五十㌢、奥行き三十五㌢、高さ八㌢）が文房具の定位置です。今では、小さい孫も使った後必ず戻してくれます。

家族みんなが使う場所に近いところに置くことが、片づけを楽にする近道ではないでしょうか。

（井田典子＝「横浜友の会」会員、整理収納アドバイザー）

＝次回は十一月十六日掲載

2019.5.2. 中国

献立《こんだて》のヒント

▽ブロッコリーのごまあえ　2人分でブロッコリー½株を用意します。

ブロッコリーは小房に分け、熱湯でゆでてざるにあげて冷まします。ボウルに、しょうゆ小さじ2、だし汁大さじ½、砂糖小さじ½、白すりごま大さじ1をまぜ、ブロッコリーを加えてあえます。

（1人分51㌔㌍、塩分0.9㌘）

7　総合　11版S　2019

2019.9.25 東京新聞《とうきょうしんぶん》

スポーツ編

手拍子《てびょうし》で 五輪《ごりん》選手《せんしゅ》を応援《おうえん》

2020年東京オリンピック（五輪）・パラリンピック組織委員会は6日、選手を応援する公式の手拍子「応援ビート」を発表しました。

競技の合間などに観客に手を打ち鳴らしてもらうもので、競技会場で流す映像を今秋から募集します。公式の手拍子の作成は、過去の五輪では例がないそうです。

応援ビートは約20秒。包丁で野菜を刻む音や、トラックを走る陸上選手の足音など、生活と競技に関する音を集め、人工知能（AI）を使って作成しました。

組織委は、応援ビートに合わせて踊ったり、楽器を鳴らしたりする動画の作成と、インスタグラムやフェイスブックなどの会員制交流サイト（SNS）への投稿を呼び掛けています。採用された動画は、競技会場の大画面などで上映されます。

東京五輪・パラリンピックで選手を応援する手拍子「応援ビート」を披露（ひろう）する公式マスコット＝6日、東京都千代田区で

料理のレシピや整理整頓の方法など、児童が興味をもちそうな記事を選ぶ。「この料理を作って食べたい」「お母さんにこの整理整頓の仕方を教えてあげたい」など記事を楽しむ姿が見られた。

東京新聞2019年10月19日付朝刊
東京新聞2019年9月25日付朝刊（共同通信配信）

中国新聞2019年5月2日付朝刊

ワークシート（裏）

本の しょうかい☆

しんぶんには、本のしょうかいも のっています。テレビばんぐみや えいが、えんげき、びじゅつてんなどの じょうほうが のっていることも あります。このなかに、よんだことのある本、よんでみたい本はありますか。

ふりかえり

読書週間中は、本の紹介記事を選んだ。児童に読み聞かせたことのある絵本もあり、知っている本が載っていると興味がわくので、意図的に記事を選ぶとよい。表紙の絵があると読んでみたくなりやすい。授業後、学校図書館で本を借りる児童が増えた。

東京新聞2019年8月23日付朝刊

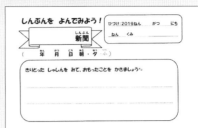

本事例のNIE

新聞活用・新聞機能・新聞制作

事例のアクティブラーニングの重点

主体的・**対話的**で深い学び

中学年以上

4コマ漫画で「起承転結」を学ぼう

❶ 小単元名 **文章の構成を考える**（1時間扱い）

❷ 本時の目標 児童が文章の構成を理解するのと同様に、4コマ漫画の絵やせりふからコマの前後の関係を主体的に推測し、話し合いを通して「起承転結」を学ぶことができる。

❸ NIEとしての狙い 新聞に掲載されている4コマ漫画は、日常生活の出来事が多く、内容も児童にとって身近なものが多い。絵やせりふも分かりやすく、話の順序を考えやすい特性があるので、新聞に親しむ機会としたい。

❹ 本時の展開

主な発問	学習活動／○児童の反応	留意点／○資料等
•切り離した4コマ漫画を話がつながるように並べてみましょう	○こう並べると話がつながる ○こう並べると話が面白い	•コマの左側には、見分けるための印をつけ、答え合わせの際に説明しやすくする。 •「起承転結」の意味について簡単に説明する。
•4枚のコマを並べた理由を書きましょう	▶ワークシートに、自分が並べた理由を書かせる。 ○絵やせりふがつながるから	•文章に表すことで、思考を定着させる。 •文章にできない児童には、自分の考えの根拠となる絵やせりふの部分を囲ませてもよい。
•並べた順番と理由について、グループで話し合いましょう	▶自分が並べた順番を発表し、違いについて話し合う。 ○私は……だからこの順番にしたよ ○同じ順番だけど、私は理由が違うな	•同じ並べ方でも理由が違う場合があることに気付かせる。
•各グループで出た並べ方を発表しましょう	▶グループごとに代表者が発表する。	•グループで一つにまとまっていれば代表者に、違う意見があればその児童に発表させる。その際、根拠を示させる。
•各グループの並べ方について、自分の考えを発表しましょう	▶並べ方で、良い点や疑問点（絵やせりふの内容）を見つけ、全体で話し合う。 ○この並べ方だと話がつながる ○この並べ方だと話が面白くなる	•並べ方で不都合がないか、絵やせりふから確認させる。 •コマの順を「起承転結」と結びつけて、確認する。
•新聞の4コマ漫画の順番はこうです。比べてみましょう	▶新聞に掲載されている4コマ漫画（正解例）を知る。 ○思った通りだ ○グループで考えた並べ方もいいと思う	•事前につけた印をもとに、起承転結の並べ方になっているか確認させる。新聞に掲載されている4コマ漫画とは違った考え方で、新たな4コマ漫画になることもある。

❺ 本時の板書計画

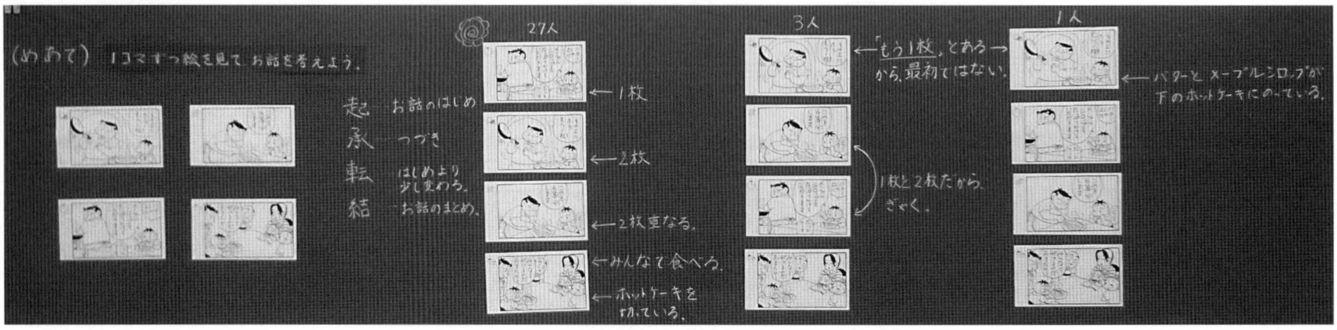

❻ 資料、ワークシート等

(1) 授業で使用するワークシートと４コマ漫画

４コママンガをならべよう

名前（　　　　　　　　）

☆１コマの内容をしっかりと見て、４コママンガの順番を考えてならべよう。
　自分の考えた理由を書いて友だちに説明しよう。
２０１９年８月２４日　神戸新聞　夕刊　「ゴンちゃん」　より

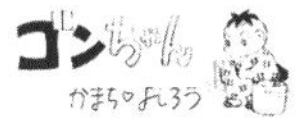

（理由）

◉ワークシートや４コマ漫画を使う時の注意事項
- ４枚のコマの順番をバラバラにして、配布する。
- 左側には、レモンやリンゴなどの印をつける。話し合いの時など「レモンのコマを最初にしたのは、……」と一言でそのコマを示せる。「A・B・C・D」とすると児童が「ABCD」と、無意識に並べてしまう可能性があるため。

(2) 教師用メモ：「1」「9」「10」等は授業者としての考えを書いておくと分かりやすい。

４コマ　マンガ　　　神戸新聞　　朝刊　・　夕刊　2019年　8月　24日（土）

（使い方）

① 題名を考える。　「みんなで食べよう」「一人じめはダメだよ」
② 「起承転結」の並べ方を考える。
3 セリフを考えさせる。
④ 読んだ感想を書かせる。
⑤ 道徳や国語などの討論材料として使う。
⑥ 様子や行動、セリフなどを一つ一つ文章として表現させる。
7 一コマの絵を考え、描かせる。
8 色を塗らせる。（図工的色彩感覚、季節などを思考する時間把握）
⑨ 特定の登場人物の心情を考えさせる。　ゴンちゃんの気持ちを考える。
⑩ この後の続きの物語を考えさせる。　楽しい食事風景で一人じめを反省するゴンちゃん.
11 季節や時期などを考えさせる。
12 複数枚利用し、季節を分類させる。
13 複数枚利用し、１月～12月までを考え、並べさせる。
14 出てきた言葉を国語辞典で調べさせる。
15 キャラクターの表情を心情を読み取り、簡単に描かせる。
16 数日分の４コママンガを全て切り離し、自分で並べ替えて物語をつくらせる。
17 数日分の４コママンガを全て切り離し、同じ日の４コママンガを探し、並べ替えさせる。

神戸新聞2019年8月24日付夕刊

◉４コマ漫画を使う時の注意事項
- 教材になりそうな４コマ漫画は、保存しておくと選びやすい。
- ４コマ漫画は、マイクロソフトの「ワード」で画像を貼り付けトリミングし、図の書式を選択し「色の変更→透明色を指定」で色抜きを行うときれいになり、印刷の仕上がりもよくなる。

国語

本事例のNIE
新聞活用・新聞機能・新聞制作

事例のアクティブラーニングの重点
主体的・対話的で深い学び

第5学年

新聞記事を読み比べ、違いを読み取ろう

1 小単元名　**新聞記事を読み比べよう**（3時間扱い）

2 本時の目標　記事や写真の関係に注意しながら、同じ出来事を報じた地元紙と全国紙を読み、共通点や相違点を明らかにして、見出しや写真をもとに書き手の意図を考えて比べることができる。

3 NIEとしての狙い　見出しやリード、写真などから多面的・多角的に考察することにより、二つの記事の共通点と相違点を捉えさせる。

4 本時の展開（2〜3/3時間。1時で複数の新聞から新聞について学んでいる）

時	主な発問	学習活動／○児童の反応	留意点／○資料等
2	•新聞にはどんな特徴があるのか確かめましょう	▶複数の新聞を提示し、教科書に沿って、新聞の役割、編集の仕方や記事の構成、写真の役割について整理する。 ○社会の出来事を早く正確に、多くの人に知らせるための印刷物	○新聞を用意し、教科書の記述内容と合わせながら学習を進める
	•新聞の見出しの特徴を考えましょう	○短い言葉で強い印象を与える ○倒置法。体言や助詞で止めている ○読者を引きつけるように書かれている ○一言で記事の内容が分かる	•実際に新聞を見て気付いたことを発表しながら、考えさせる。 •見出しは「究極の要約」と呼ばれていることを伝える。
3	•本文と写真から記事の見出しを考えて書いてみましょう	▶全国紙と地元紙を比較し、二人一組で見出しを考える。 ○「世界遺産名所背景に初マラソン」はどうかな	○一つの事実を異なる立場から報じた地元紙と全国紙 ○ワークシート①②
	•意見を交流しましょう	▶実際の見出しと比べながら、共通点や相違点など、気付いたことを発表し合う。	•全国紙と地元紙の読者の違いに気付かせたい。
	•授業を通して分かったこと、大事なことをまとめましょう	○同じ出来事でも、新聞社や記者によって伝えたいことが異なることが分かった ○記事に書き手の意図が表れている	

5 本時の板書計画

（3時）

（2時）

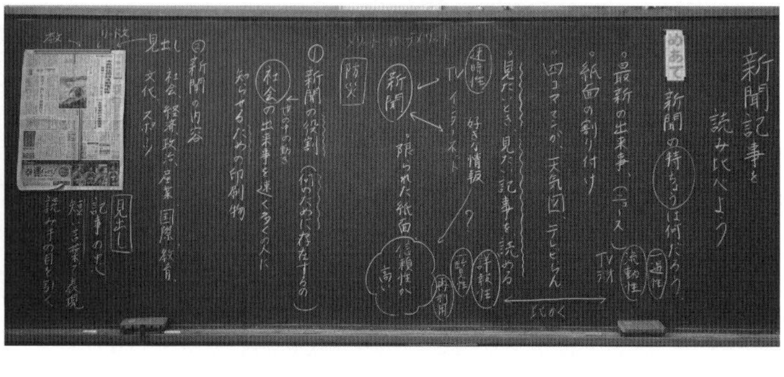

❻ ワークシート

ワークシート①

◎次の二つの記事に着目してみましょう。記事に掲載された写真はよく似ていますね。どちらが地元紙でしょう。リード文や本文を読んで、見出しも考えてみましょう。

年　番（　　　　　　　　）

A社

▲夜明けにスタートを切った100キロの部のランナーたち（2日午前4時30分、日光市今市の今市運動公園で）

1600人、標高差1400メートルに挑戦

世界遺産周辺や鬼怒川温泉などを巡る「第1回日光100kmウルトラマラソン」（「日光をランナーの聖地」とする実行委員会主催）が2日、日光市で行われ、国内外から集まった2267人が、100キロと62・195キロの部で健脚を競った。

発着点の今市運動公園では、出発前のセレモニーで斎藤文夫市長がランナーを激励。100キロの部に参加した長野県安曇野市の自営業、[redacted]さん(54)は「日光は標高差もあり、ゆっくり完走を目指したい」と話した。

午前4時30分に100キロの部がスタート。約1600人が二社一寺周辺や奥日光・中禅寺湖、鬼怒川温泉を巡り、標高差1400メートルの難コースに挑んだ。奥日光コースを除く62・195キロの部は同6時に出発した。

100キロ男子は、山口県下関市の会社員、[redacted]さん(31)が7時間22分15秒で優勝。「6月は脚のけがで満足に走れず、優勝はうれしい。いろは坂の下りで転倒したが、沿道の『トップだ。頑張れ』の声援に励まされた」と喜びをかみしめた。

市民ら約1200人がボランティアとして大会運営を支え、5か所の関門では日光湯波や和菓子などを振る舞った。

読売新聞2017年7月3日付朝刊

B社

「世界遺産シリーズ」と銘打った「日光100kmウルトラマラソン2017」（「日光をランナーの聖地」とする実行委員会主催）が2日、日光市内の100キロと62・195キロの2コースで初開催され、国内外のランナー2267人が夏の日光路を駆け抜けた。

（16面に関連記事）

同市今市の今市運動公園を発着点とし、同日午前4時半から順次スタート。開会式で斎藤《さいとう》文夫《ふみお》市長は「45都道府県と12の国・地域からの参加を歓迎する。魅力たっぷりの日光を楽しんで走ってほしい」と激励した。

1639人が参加した100キロコースは、標高差約1400メートルと全国屈指の厳しい道のり。ランナーたちは息を切らしながらも、二社一寺周辺やいろは坂の景観を写真に収めるなどして思い思いに走った。

標高差1400メートル、国内外1639人挑む

100キロ初代王者となったのは、7時間22分15秒でゴールした山口県下関市、会社員豊永《とよなが》哲央《てつお》さん(31)。

いろは坂で転倒しながらも後半50キロを独走し、「名所が多く眺めも良かった。今度はゆっくり観光したい」と話していた。

（杉浦崇仁《すぎうらたかひと》）　電子版に動画

空が白み始める中、一斉にスタートを切るランナー＝2日午前4時半、日光市今市、永嶌理絵撮影

下野新聞2017年7月3日付

ワークシート②

新聞記事を読み比べよう

年　番（　　　　　　　　）

①A社とB社の記事の内容と写真にあった見出しを考えよう

	A社	B社
予想		
実際		

②それぞれの記事の書き手が、読み手に最も伝えたかったことは何か考えよう
（二紙を比べて、記事の内容の同じところと、異なるところに目を向けよう）

③見出しを読み比べ、それぞれの良さや工夫を考えよう

④振り返り
新聞記事から書き手の意図を読み取ることができたかな

標高差1400メートル、国内外1639人挑む

と話していた。
（杉浦崇仁《すぎうらたかひと》）　電子版に動画

空が白み始める中、一斉にスタートを切るランナー＝2日午前4時半、日光市今市、永嶌理絵撮影

下野新聞2017年7月3日付

第6学年

「未来新聞」で思いを伝えよう

❶ 小単元名 今を新聞で発信する（6時間扱い）

❷ 本時の目標 図書館の本や新聞を読んだり、身近な人を取材したりして「平和はがき」を書く。自分の考えを伝え合い、対話を深めながら資料を根拠に、未来に向けた新聞を作り発信する。

❸ NIEとしての狙い 取材内容を簡潔に要約し、根拠を明確にした上で説得力のある言葉で伝える力を養う。他の児童との対話を積み重ねることで視野を広げ、平和な未来に向けて大事なことは何かを、新聞づくりを通し考えさせたい。

❹ 本時の展開（6時間）

時	主な発問	学習活動／○児童の反応	留意点／○資料等
1	•6年生のあなたが考える平和とは何ですか。考えたり取材したりして、調べよう	▶本や新聞、テレビのニュース、インターネットの情報や身近な人への取材をもとに「平和」とは何か、自分の考えをはがきに200字程度でまとめる。	•夏休みの課題として「平和はがき」を製作させる（資料❶）。 •事前のガイダンスで学習方法を伝える。
2	•「平和はがき」を活用し、自分の考えを発表しよう	○この新聞を読んで、平和とは争いをしないことだと思いました。なぜなら… ○両親に取材し「みんなが笑顔でいられること」が大切だと知りました	•グループで意見交流する。多くの対話を通じて、共通性や相違点に気付かせたい。
3	•代表者によるロールプレーを見て、対話する際に大事な点は何か考えよう	▶対話の際の大事な点を発表する。 ○一番伝えたいことを短く話す ○体験などの具体例があると分かりやすい	•建設的な話し合いには、相手を意識して話すことや聞き方のマナーが重要だと気付かせる。 •「平和」への考えを絞り込むため、グループでイメージマップを作る（資料❷）
4	•イメージマップも参考に、未来に向けて何が大切か意見交流しよう	○自分たちだけではなく、世界の平和が大切だと思う ○生きるためには、命を重んじることが大切だ	•どんな未来にしたいか考えさせる。集めた情報や友達の考えを付箋に書き出させる。
5	•自分の考えを「未来新聞」にまとめよう	▶記事の内容や割り付けを工夫して、伝わりやすいようまとめる。	•考えを裏付ける資料や対話から生まれた新たな考えを盛り込むほか、最後に社説にあたる「自分にとっての平和とは何か」を書かせる。
6	•「未来新聞」を活用して、相手に伝わるよう発信しよう	○私は、戦争のない日本は平和だと単純に思っていました。しかし友達の話を聞き、記事を読み、平和のため、自分が今できる身近なことがあると気付きました。具体例を話すと…	○「未来新聞」（資料❸） •説得力をもたせるための工夫がされているか、友達の発言で自分の考えを深められたかを確認する。

6 資料等

資料1「平和はがき」

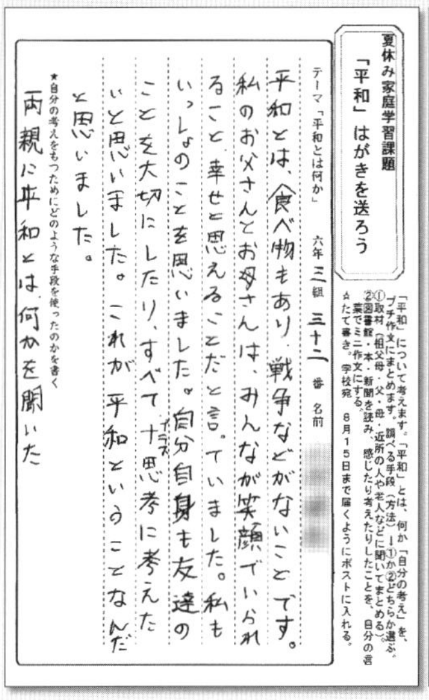

夏休み家庭学習課題
「平和」はがきを送ろう

「平和」について考えます。「平和」とは、何か「自分の考え」を、プチ作文にまとめます。調べる手段（方法）→①か②どちらか選ぶ。
①取材（祖父母・父・母・近所の人や老人などに聞いてまとめる）。
②図書館・本・新聞を読み、感じたり考えたりしたことを、自分の言葉でミニ作文にする。
☆たて書き。学校宛　8月15日まで届くようにポストに入れる。

テーマ「平和とは何か」　六年 三組 三十二 番 名前 [redacted]

平和とは、食べ物もあり、戦争などがないことです。私のお父さんとお母さんは、みんなが笑顔でいられることと、幸せと思えることだと言っていました。私もいっしょのことを思いました。自分自身も友達のことを大切にしたり、すべて十《プラス》思考に考えたいと思いました。これが平和ということなんだと思いました。

★自分の考えをもつためにどのような手段を使ったのかを書く
両親に平和とは何かを聞いた

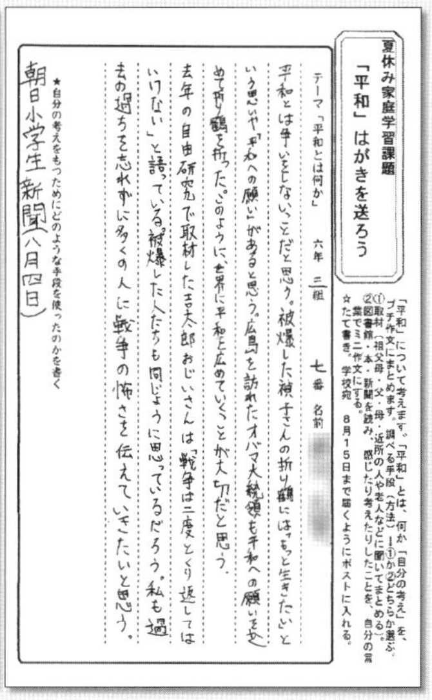

夏休み家庭学習課題
「平和」はがきを送ろう

「平和」について考えます。「平和」とは、何か「自分の考え」を、プチ作文にまとめます。調べる手段（方法）→①か②どちらか選ぶ。
①取材（祖父母・父・母・近所の人や老人などに聞いてまとめる）。
②図書館・本・新聞を読み、感じたり考えたりしたことを、自分の言葉でミニ作文にする。
☆たて書き。学校宛　8月15日まで届くようにポストに入れる。

テーマ「平和とは何か」　六年 二組 七番 名前 [redacted]

平和とは争いをしないことだと思う。被爆した禎子さんの折り鶴には「もっと生きたい」という思いや「平和への願い」があると思う。広島を訪れたオバマ大統領も平和への願いをこめて折り鶴を折った。このように、世界に平和を広めていくことが大切だと思う。去年の自由研究で取材した吉太郎おじいさんは「戦争は二度とくり返してはいけない」と語っている。被爆した人たちも同じように思っているだろう。私も過去の過ちを忘れずに多くの人に戦争の怖さを伝えていきたいと思う。

★自分の考えをもつためにどのような手段を使ったのかを書く
朝日小学生新聞（八月四日）

資料2「イメージマップ」

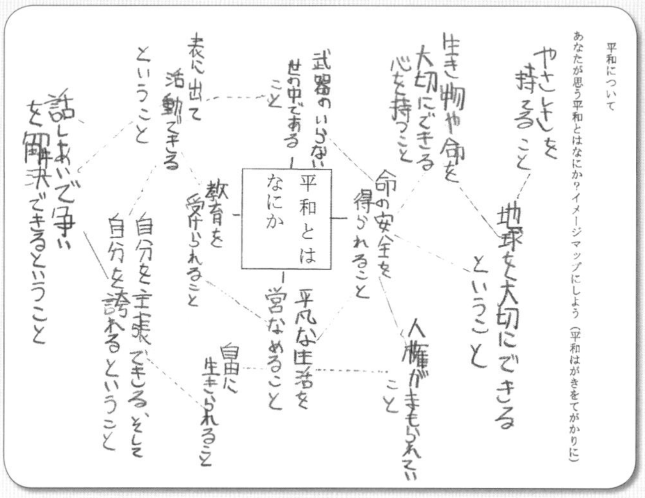

平和について
あなたが思う平和とはなにか？イメージマップにしよう（平和はがきをてがかりに）
平和とはなにか
やさしさを持てること
地球を大切にできるということ
生き物や命を大切にできる心を持つこと
命の安全を得られること
人権がまもられていること
武器のいらない世の中であること
平凡な生活を営めること
自由に生きられること
教育を受けられること
表に出て活動できるということ
自分を主張できる、そして自分を誇れるということ
話しあいで争いを解決できるということ

意見交換は、取材力の向上と対話により活発になった。相手のことを意識し、自分の思いを伝える練習を重ねたことで、発表会では意見の相違を大切にする姿も見られた。

資料3 児童作品例「未来新聞」

栗っこ平和タイムズ
東京新聞 2019年10月30日号
2019年10月30日作成
栗っこ新聞社
6年3組 [redacted]

心と健康を つなぐ医師

長野 台風被災地 できる支援を
インフル予防で寄付
避難所で活動 鎌倉の医師

台風19号で千曲川の堤防が決壊し、大きな浸水被害を受けた長野市で支援活動をした医師の長谷川太郎さん（[illegible]）＝神奈川県鎌倉市＝が、インフルエンザの予防接種一回につき三千円を、避難所になっている小学校に寄付する取り組みを自らの医院で始めた。「予防接種をして支援につながれば、みんなで被災地を応援できる。できるサポートを続けたい」と話す。（北爪三記）＝行楽打撃残る⑥面

長谷川さんは、保健医療支援をするNPO法人「AMDA（アムダ）」（岡山市）の一員として、被災直後の十四日に現地入り。避難所の一つとなった長野市立豊野西小学校（児童数約三百四十人）の体育館には住民約三百八十人、敷地内の児童センターには約五十人が身を寄せていた。長谷川さんは十九日まで医療、健康相談や施設の消毒などにあたった。

現地で目にしたのは、道路から下水があふれ出ている様子や、一面に泥が堆積した道路など。通学路の安全確保や衛生面の懸念などから、同校は休校が続いていた。自宅が浸水し、ランドセルなどの学用品が水につかってしまった児童も多いとも聞いた。

現場を離れてもできる支援を続け、多くの人に被災地に関心を寄せてもらおうと、インフルエンザの予防接種による寄付を考えた。

接種費用は、健康保険が適用されず原則的に全額自己負担で、医療機関によって異なる。長谷川さんが院長を務める「湘南おおふなクリニック」（鎌倉市）は三千三百円。うち、事務手数料などを除いた病院の収入分の三千円を寄付に回す。募金も行い、合わせて豊野西小に届ける。

同校は二十八日から学校が再開したが、二十九日時点で体育館には二百二十人、児童センターは四十五人が身を寄せ、校庭は駐車スペースとして使用されている。

長谷川さんは「子どもたちの通学支援や物品購入、他のグラウンドへの移送支援など、学校の原状復帰の活動資金として役立ててもらえたら」と話す。

取り組みを紹介するちらしを手に「できるサポートを続けたい」と話す長谷川太郎さん＝神奈川県鎌倉市で（北爪三記撮影）

インフルエンザの予防接種一回につき3000円を、避難所になっている小学校に寄付する取り組みを自らの医院で始めた。

今できることから まず一歩

ぼくは、医者ではない。だから"まね"はできない。この記事は、"思いを行動"にうつした例。「あ、わたしもできる。」そんな気持ちになる。一人一人が支援できることを本気で考える。これが、大切だと心動いた。

長谷川先生は、きっと自分の立場からできることを決めたと思う。

友達の意見

・医師はもともと人を助けたいと思う気持ちからのスタート。被災者を、こんな所で支援するなんて、すばらしい。
・医療費を負担する気持ちは、人の命を守るということだと思う。
・子ども達へのあたたかい思いを実行してすごい。

平和について考える

「ディスカッションから生まれたぼくの考え」

戦争のない日本は、本来平和だ。でも今のままでは、戦争のおそろしさを忘れてしまう日が来る。身近にいる友達や家族・学校・川崎・日本・世界中を思い合いた。

随筆教室 平和とは何か

「平和」という言葉は、これまでもよく聞いてきた。簡単には語ってはいけない重い言葉だと思う。ただ12さいの今、考える。争いごとがなく、互いを思いやる困難を乗り越えられる仲間がいる。運命を共にすることとは、思いやりを重んじていくことなのだと感じている。「互いを思う」ことすらぼくには、うっかり忘れてしまうことだ。いつも自分中心で物を言うし、思い立ったら待ったなし。気がつくと、人から注意を受けるありさまだ。野球をやっているぼくは、「困難だらけだ」と思っていたけど好きなことを思い存分にやることは、困難ではなく、夢に向っている希望だ。運命を共にしている家族は、もちろん大切。でも、もっと長い時を共に過ごしている学校の仲間。互いに気を使うこともあるが、性格・特技など十分わかり合えている。本気で、その人の仲間を大切に思うこと。気持ちに寄りそうこととそれが平和だ。

マザー・テレサの言葉〜生き方〜

テレサは18さいで、住み慣れた町を捨てて、貧しい人たちへの奉仕に身を投じました。インドの国に行き、宣教師となり、努力を重ね、人を助けました。生涯、人の命を大切に「人」と重んじてきました。

名言・格言
あなたは
あなたで
あればいい
この世界は食べ物に対する飢餓よりも、愛や感謝に対する飢餓の方が大きいのです。

東京新聞2019年10月30日付夕刊

高学年

新聞の投書を読み比べ、投稿しよう

1 小単元名 **新聞の投書を読んで自分の意見や主張を書こう**（2時間扱い）

2 本時の目標 新聞の投書を読み比べることを通して、書き手の主張を的確に読み取るとともに、構成や表現を工夫しながら主体的に新聞に投稿する。

3 NIEとしての狙い 日常の新聞読み比べ活動をさらに発展させ、投書の読み比べに興味を持ち、自分で意見文を書いて投稿する意欲を持つ。

4 本時の展開（1/2時間）

主な発問	学習活動／○児童の反応	留意点／○資料等
•四つの投書を、音読しましょう	▶あらかじめ選んでおいた投書を音読させる。 ○こんな考え方もあったんだね ○本当に、小学生の投書なの ○何を主張したいかよく分かる	•音読の段階では、投書の内容についての感想をすぐ声に出さないことを、事前に伝える。（**資料1～4**）
•主張が納得できる投書はどれですか	▶自分にとって説得力のある投書を一つ選び、その理由をノートにまとめる。 ○この投書の考え方に、納得できる ○自分はこの投書とは考え方が違う	•納得した理由について、発表することを前提に簡潔にまとめさせる。「具体例をもとに主張している」「理由や根拠が分かりやすい」など。
•投書を選んだ理由について話し合いましょう	▶四つの投書について、納得した理由や根拠を発表させ、意見交換する。 1は、小学生の頃の思い出をもとに書いているから 2は、感謝の気持ちを、「恩送り」をしたいと述べているから 3は、人の心のバリアーをなくしていこうと、信念をもって書いているから 4は、自助・公助の観点から、安全な町づくりを訴えているから	•投書から読み取れることを話し合いながら整理する。 •書き手の経験や体験などの具体例を入れて、投書を書いていることに気付かせたい。
•次の時間に、投書を書きます。どんなテーマで書いてみたいですか	▶自分はどのような投書にするか発表する。 ○感謝の気持ちに焦点を当てて書く ○おかしいと感じていることを書く ○人として、大切なことはどのようなことかを考えて書く	•自分が気に入った投書を参考に、今の段階で考えた投書のテーマや方向性を発表させる。 •書くときのポイント①一文を短く②接続語を少なく――なども整理する。

5 本時の板書計画

新聞の投書を読み比べてみよう。

資料1
•小学生の頃の思い出をもとに書いている。

資料2
•親切にしてもらった感謝の気持ちを「恩送り」に。

資料3
•人の心にあるバリアーをなくすことに信念を。

資料4
•自助・公助の観点から、さらに安全な町づくりを。

←

投書に書いてみたいテーマ
•感謝の気持ち
•命の大切さや防災
•日頃からおかしいと感じている身近な出来事
•人として、大切なこと

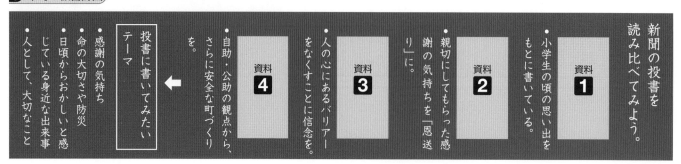

❻ 資料

（すべて中日新聞2019年9月17日付朝刊）

資料1

秋の味覚 甘いイチジク

山田 幸広 会社員
（名古屋市守山区）55歳

スーパーの果物売り場はすっかり秋めいてきました。ブドウや梨、桃に交じってイチジクが並ぶようになりました。

イチジクといえば私が小学生のとき、同居していた父方の祖母が夕食後に皮をむいてくれ一緒に食べました。見た目は地味ですが、口に広がるあの甘さは今も大好きです。

先日、イチジク十五個を買い求めて職場に持って行きました。二十～三十代の部下にはイチジクをそのまま食べるのが初めてという人もいて、かつての祖母みたいに部下のために皮をむいてあげました。ふんわりとした赤い実を恐る恐る口にした部下は「甘い」「おいしい」と言いながら次々と食べていました。

イチジクは食物繊維やミネラルが豊富に含まれていて、日本では昔から不老長寿になるための果物の一つと言われています。

三年前に九十二歳で逝った祖母をしのびつつ、今年も秋の夜長にイチジクを存分に食したいと思っています。

資料2

車トラブル 親切に感謝

西垣 真子 主婦
（三重県松阪市）64歳

三重県松阪市の郵便局で所用を済ませてから、郵便局の駐車場に止めたマイカーを後進させたら、「プスン！」という音を上げてエンジンが止まってしまいました。日本自動車連盟（ＪＡＦ）に連絡して助けを求めましたが、「担当者の到着まで三十分かかる」と言われました。車体の半分が車道に出た状態で車の通行の妨げになっていたため、私は焦りました。

そのときです。郵便局をそれぞれ訪れた私より年配とみられる男性と三十代ぐらいの女性が「どうされましたか」と私に声を掛けてくれたのです。

二人は「再び駐車場に入れてしまった方がいい」という結論に達し、私と三人で車を押して駐車スペースに収めてくれたのです。

あのとき、見知らぬ方々の温かい心に触れられ、本当にありがたかったです。ここで受けた親切を、私は次回、他の人へとつなげていく「恩送り」をしたいと強く思いました。

資料3

心のバリアーなくそう

石川 和花 小学生
（愛知県岡崎市）12歳

小学校で車いすを体験する機会があり、少しの段差でもバリアーになることを知りました。昨今はバスにもスロープを付けたものが見られるようになってきていますが、社会全体ではまだ本当のバリアフリーにはなっていない気がします。

私の学校でもバリアフリーのトイレがありますが、あるのは階段を上った二階で、そこに行くには必ず人の手を借りる必要があります。しょう害者のためのちゅう車場も、他にとめるスペースがないからという理由で、しょう害者ではない人がそこに車をとめていることがよく問題になっています。

人の心にもまだバリアーがある気が私はします。

この世からバリアーが完全になくなれば、絶対に今よりもたくさんの人が幸せを感じるはずです。私たち一人一人が思い思いにバリアーをなくしていくように努めていかなきゃ。

資料4

災害に強い 安全な町に

松井 利樹 小学生
（愛知県幸田町）12歳

日本は地しん大国と言われます。最近も北海道や新潟県などでしん度6の地しんがありました。けがをした人がいたとニュースで報じていました。

八年前の東日本大しん災の映像は、ぼくも今までテレビで見て、そのいくつかを記憶しています。

津波で何もかもが流されてしまったこと、火はそこにあったありとあらゆるものを燃やしたことはしょうげき的でした。地しんと、その後に町をおそった津波で実に多くの人が命を落としました。

この先地しんがいつ起こるかの予知はできない以上、地しんや津波などに強いような施設をつくるようにしてもらいたいです。もちろん自分の身は自分で守るようにした上で、町全体を地しんなどの災害に強いものにしていけば、きっと地しんで亡くなる人はこれまでよりもずっと少なくなるでしょう。

- 今回活用した投書は、自分の体験や他人の言動などを根拠に、意見や主張をしっかり述べている投書。
- 教材になりそうな投書は、日頃から保存しておくと、児童の発達段階などに応じてさまざまな教科・領域の授業で活用できる。

本事例のNIE
新聞活用・新聞機能・新聞制作

事例のアクティブラーニングの重点
主体的・対話的で**深い学び**

第4学年

県の良さを伝えるリーフレットを作ろう

1 小単元名 **県の人々の暮らし**（15時間扱い）

2 本時の目標 集めておいた観光地や特産物、伝統行事に関係する新聞記事の中から地元の良さを伝える記事を選び、配置を考えて台紙に貼り付けたり飾りつけをしたりして、PRリーフレットを作成する。

3 NIEとしての狙い 目的に応じて使用する記事を取捨選択したり、構成や効果を考えて記事を配置したりするなど、情報を整理して発信する力を育てる。新聞を通して地域に愛着をもち、社会参画の意欲を高める。

4 本時の展開（15時間）

時	主な発問	学習活動／○児童の反応	留意点／○資料等
14	•これまでの学習を振り返ろう	▶大分県の特長をふり返る。 ○杵築の城下カレイはおいしそうだった ○小鹿田焼の伝統は親から子に受け継がれている ○別府の温泉は湧出量日本一だ	•本時までに、気になった県内の記事を切り抜かせておく。大分県にはさまざまな良さがあることを想起させる。
	•集めた記事から、大分県の良さを伝える記事を選び、リーフレットを作ろう	○水族館を知ったら、大分県に来る人が増えるよ ○観光は、姫島のきつね踊りと宇佐神宮のどちらを選ぼうか	•大分県の白地図を中央に配置した台紙を配布する。 ○台紙（A3判） ○収集した記事
	•構成を考えて、記事を台紙に貼り付けよう	○どの記事をトップに貼り付けようかな ○この記事は写真もあるので伝わりやすい	•見やすく、目を引く構成を考えさせる。
15	•台紙に飾り付けて、リーフレットを完成させよう	▶台紙の空白に、感想やアピールしたいことを色ペンで書きこむ。 「高崎山のサルはかわいいよ」など	•記事の重要度と配置を考えさせる。 •台紙の空白に着色したりイラストを入れたりして、きれいに仕上げさせる。 ○色ペン　○色鉛筆
	•リーフレットを発表し合おう	▶班や学級全体で発表する。 ○友達の作品を見て、大分県の良い所がたくさんあることが分かった	•PRしたいことが伝わるように工夫させる。発表会は、ポスターセッション的な活動を行うことも考えられる。

5 本時の板書計画

大分県の良さを伝えるリーフレットを作ろう

◎これまでの学習をふり返ろう

観光地	特産物	伝統行事・芸能
うみたまご（水族館） 高崎山（野生のサル） ラクテンチ（遊園地） くじゅう花公園 別府地獄めぐり アフリカンサファリ（動物園） ……	豊後牛 関アジ関サバ 城下カレイ ハモ料理 すっぽん料理 だんご汁、やせうま ……	別府八湯温泉祭り べっぷ火の海祭り 大分市七夕祭り 日田天領祭り 小鹿田焼 別府竹細工 姫だるま ……

◎気をつけること
•引きつける記事　•見やすい構成　•アピールをもりこむ

◎作成手順
①台紙にはる記事を選ぶ。
②選んだ記事を台紙にはる。
③あいた所に感想やアピールを書きこむ。
④あいた所に飾りつけをする。
⑤友だちと見せ合う。

《台紙》

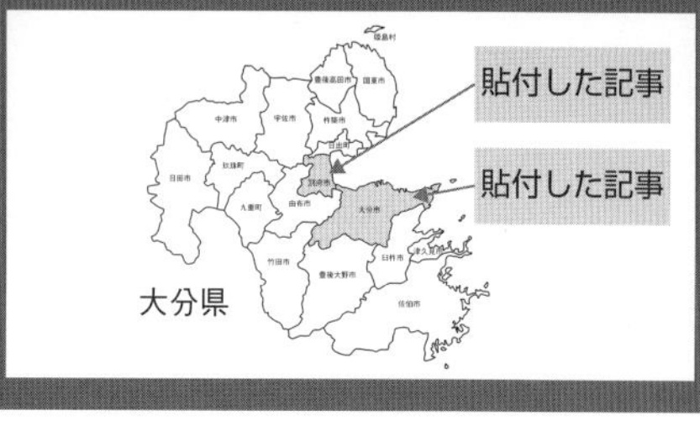

❻ 資料、ワークシート等

学習が始まってから気り抜いた新聞記事をワークシートに配置し、色ペンなどできれいに仕上げる。

大分県のPRリーフレット

4年　　組　名前

「フルーツ魚」人気が追い風

かぼすブリ出荷伸びる

首都圏向け4年で3倍

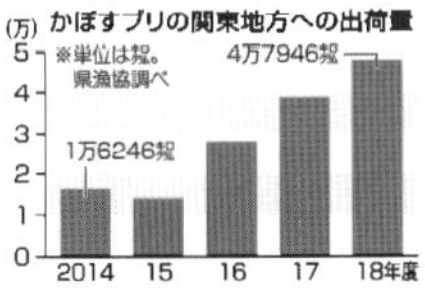

ブリの需要がピークを迎える年末に向け、県内のかぼすブリ養殖業者の出荷作業が熱を帯びている。県産魚のリーディングブランドとして県を挙げて首都圏での販路開拓を推進し、4年で出荷量は約3倍に増加。臭みのない「フルーツ魚」の人気を追い風に、大分が誇る冬の味覚のさらなる消費拡大を目指す。

臼杵市佐志生の重宝水産（山村友宏社長）は県内に四つあるかぼすブリ養殖業者の一つ。この時期は毎日150～200匹を出荷する。12月後半の最盛期には300～400匹に増え、来年3月末までの出荷を見込む。

いけすを泳ぐかぼすブリは体長約60㌢以上、重さ4～5㌔ほど。船上ですぐに締め、港に戻るなり選別・箱詰めを始める。作業開始から約1時間後、新鮮な状態で県内外に送る。

慌ただしい作業を終えた山村社長は「今年は赤潮や台風の被害もなく、大きく育ってくれた。かぼすブリは県外へ出すのが約6割。知名度も上昇中で、出荷量は毎年伸びている」と話す。

県漁協などは3年前から首都圏を販路拡大の重点エリアとして、スーパーやデパートなど量販店でのPRに力を入れている。試食販売やポップの配布などソフト面のサービスを手厚くし、バイヤーからの評価も高い。養殖ブリと価格差はあまりなく、首都圏を中心とした関東への出荷量は2014年度の1万6246㌔から18年度は4万7946㌔まで増加した。

背景には▽血合いの変色が一般の養殖ブリに比べて約20時間遅く、長時間の輸送が可能▽首都圏の年間ブリ消費量は西日本に比べて少なく、マーケットの"伸びしろ"が期待できる—といった点が挙げられる。

県漁業管理課の波多野良介主査は「購買力の高い首都圏には今後も攻勢を強めたい。果実などをまぜた飼料で育てる"フルーツ魚"がブームの今、味の良さを知ってもらうチャンス」と意気込む。かぼすブリが量販店の陳列棚を確保できれば、かぼすヒラメなど他の県産魚を売り込む足掛かりにもなるため、関係者の期待は大きい。

かぼすブリのフェアを催した高島屋横浜店の鮮魚コーナーバイヤーは、くせのない味わいを評価する一方、「これからは脂の乗った天然物が多く入荷するので競争は厳しくなるのでは」と予想。首都圏への販路確立には、高付加価値化やさらなる品質向上が求められる。

（小松和茂、逆瀬川由夏）

㊤首都圏のデパートやスーパーで「かぼすブリ」を売り込む海洋科学高の生徒ら=11月24日、横浜市　㊦かぼすブリの箱詰め作業。臼杵市の重宝水産では約6割を県外へ出荷しているという

大分合同新聞2019年12月6日付朝刊

くさみのない「フルーツ魚食べてみて」

歴史薫る秋を満喫

大分市で「大野川合戦まつり」

駆ける騎馬武者 会場興奮

駆け抜ける騎馬隊＝9日、大分市

第15回大野川合戦まつり（大分合同新聞社後援）が9日、大分市中戸次の大野川河川敷であった。住民らが武者姿で勇壮な歴史絵巻を繰り広げ、来場者を戦国時代にいざなった。

大友・四国連合軍と島津軍がせめぎ合った「戸次川の合戦」にちなんだ催し。地元の中高校生、住民約120人が甲冑《かっちゅう》を身にまとい、武者行列。鉄砲隊や火矢隊の演武、出陣式や戦の様子を再現した劇などもあった。

騎馬が疾走する場面では観客席の前を馬が駆け抜けるたびに拍手が起こった。家族で初めて訪れた同市羽屋の加納ゆなさん(9)=豊府小3年=は「馬がすごく速くて格好良かった」と笑顔。父親の邦博さん(41)は「歴史も分かっていいですね」と話した。

会場内の「大南市場」では郷土料理の鮑腸《ほうちょう》やお方ずし、地元の特産物が販売され、大勢の人でにぎわった。10日は午前10時半から、天面山（竹中）を会場に大分豊府高吹奏楽部の演奏、神楽などがある。

大分合同新聞2019年11月10日付朝刊

戦国時代を感じてください

迫力あるお祭りだよ。見に来て！

赤ちゃんザル 令和1号

大分市の高崎山動物園

令和になって初めて誕生が確認された赤ちゃんザル=6日、大分市（高崎山自然動物園提供）

大分市の高崎山自然動物園で6日、令和になって初の赤ちゃんザルが確認された。新しい時代の到来に合わせるかのように生まれたニューフェース。同園は市民や観光客らの人気者となるよう期待する。

同園によると、同日午後3時半ごろ、B群に餌の小麦を与えていた職員が気付いた。母はキュート（20歳・B群）で12番目の子ども。赤ちゃんザルはへその緒がついたままで母ザルにしがみついていた。性別は不明。前日に確認されなかったことから、5日夕から6日に生まれたとみられる。

例年、同園では第1号の赤ちゃんザルがゴールデンウイーク（GW）前後に生まれる。昨年は春ごろから寄せ場にサルが全く現れない日が相次ぎ、GW中でも午前中に姿を見せないことがあった。年間入場客数は23万1345人で前年度より2割近く減少した。

同園は1984年からその年の出来事にちなんだ名前を第1号の赤ちゃんザルに付けている。2013年から一般公募しており、今年は10日午後2時に発表する予定。

職員らは「赤ちゃんを初確認した日は、人気ザルとなった15年生まれのシャーロットと同じ日付。かわいらしく、多くの人に愛される子に育ってほしい」と願っている。

（山田志朗）

大分合同新聞2019年5月7日付夕刊

高崎山のサルはかわいいよ

本事例のNIE
新聞活用・**新聞機能**・新聞制作

事例のアクティブラーニングの重点
主体的・**対話的**で深い学び

第５学年

震災時に伝えたかった情報とは

❶ 小単元名

情報産業と私たちの暮らし（6時間扱い）

❷ 本時の目標

石巻日日新聞社は東日本大震災で社屋が浸水し輪転機が使えない中、紙にペンで手書きし、震災翌日から6日間、避難所に壁新聞を掲示した。記者が市民のために何を伝えようとしたのか、市民がどのような情報を必要としたのかを考え、表現することができる。

❸ NIEとしての狙い

放送、新聞などの産業と情報との関わりを学ぶ際、教科書の多くは放送が主教材となる。しかし、石巻日日新聞社の壁新聞は情報の原点であり、メディアの価値や新聞の特性を見直す意味でも、新聞社を主教材として扱い、情報を伝える意義について児童に考えさせたい。

❹ 本時の展開（4/6時間）

時	主な発問	学習活動／○児童の反応	留意点／○資料等
1	•毎日 100 以上の記事を載せている新聞は、どのように作られているのだろう	▶グループで協力し新聞のページ数や、記事の種類、本数を調べる。 ○こんなに情報がつまっている ○どうやって取材しているのかな ○毎日作るのはすごい	•多様な情報手段から、手に取ることができる新聞に焦点をあてる。 ○新聞をグループに1部配布
2	•新聞がどのように作られているか調べよう	▶新聞社のウェブサイトで調べる。 ▶取材→デスク→整理・組版→校閲→データ送信→刷版→印刷→発送→輸送→配達	○新聞各社や印刷工場のウェブサイト
3	•調べて分からなかったことを記者に聞いてみよう	▶出前授業で記者に来てもらい、新聞ができるまでの行程の説明を聞く。 ○世界中に支社があるんだ ○自分たちで取材して情報を探している	•新聞各社の出前授業に関するウェブページから依頼できる。
4（本時）	•震災時、石巻日日新聞社の壁新聞はどんな情報を伝えたのだろう	▶東日本大震災時の壁新聞について調べ、当時の状況について考える。 ○被害状況や物資の供給を知りたい	○石巻日日新聞社「6枚の壁新聞」 •壁新聞の内容をもとに想像させる。
5	•新聞社がウェブサイトでも発信するのはなぜだろう	○ネットの方が早く伝えることができる ○スマホを持っている人が多いから	○新聞各社の電子版
6	•新聞社が情報を伝える上で大切にしていることは何？	○正しい情報を素早く、分かりやすく伝えるために工夫している	

❺ 本時の板書計画

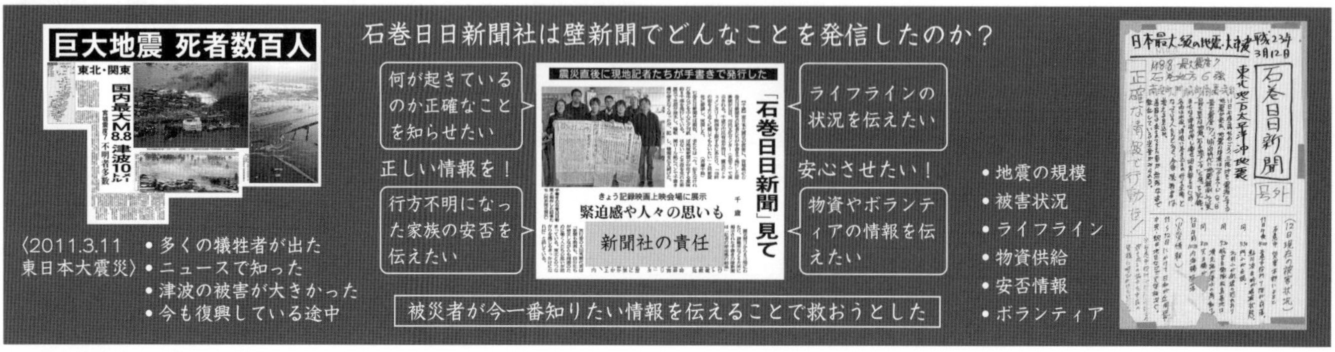

左：北海道新聞2011年3月12日付朝刊
右：石巻日日新聞2011年3月12日付号外

❻ ワークシート

社会科新聞記事ワーク

名前

震災直後に現地記者たちが手書きで発行した

「石巻日日新聞」見て

千歳

きょう記録映画上映会場に展示

緊迫感や人々の思いも

【千歳】東日本大震災の直後に、宮城県の石巻日日新聞社の記者たちが手書きで発行した壁新聞が12日、市民文化センター（北栄2）で展示される。千歳の市民有志が同日、震災のドキュメンタリー映画を上映するにあたり、「当時の街をより近くに感じてもらいたい」と同新聞社に要請し、実現した。

（斉藤千絵）

石巻日日新聞社は現在、石巻市などを中心に夕刊紙約8千部を発行している。震災で社屋が浸水し、輪転機が使えなくなったが、記者たちは「今、伝えなければ地域新聞が存在する意味はない」と水没を免れた新聞ロール紙にペンで手書きし、情報を伝え続けた。

手書きの石巻日日新聞と制作した記者たち（同新聞社提供）

震災翌日から6日間にわたり、避難所など6カ所に掲示された手書きの壁新聞は「記者の使命感の結晶」として世界でも注目を浴びた。現在は一部がワシントンのニュース博物館に収蔵され、実物は同社の博物館など限られた場所でしか見ることができない。

壁新聞は、12日午後1時半から上映される、宮城県南三陸町の住民の苦悩や喜びを描いたドキュメンタリー映画「ガレキとラジオ」の上映会場となる同センターで公開される。

展示されるのは、震災翌日の2011年3月12日に発行された手書き新聞の第1号。生活情報などが書かれ、当時の緊迫した様子が伝わってくる。入場には上映会のチケットが必要で、当日券は先着順で1人千円（中学生以下は無料）。

実行委の太田秀樹代表は「新聞も映画も、自分たちが被災しながらも周囲のために働く人たちの思いが詰まっている。東北とのつながりを感じるきっかけになれば」と話している。

北海道新聞
2013年10月12日付朝刊

①石巻日日新聞社が書いた６枚の壁新聞は、どのようなものですか？

②あなたが記者だとしたらどんなことを記事に書きますか？

③新聞社にとって情報を伝える上で大切にしていることは何ですか？

◉ワークシートの使い方

①は、新聞記事から石巻日日新聞社の６枚の壁新聞について情報を整理する。

②は、震災時に記者としてどんな内容の記事を書くのか予想しながら協動的に整理する。その後、本物と比べる。

③は、新聞社の活動を通して、マスメディアには情報を伝えるためどのような責任があるのかを考える。

社会

本事例のNIE
新聞活用・新聞機能・新聞制作

事例のアクティブラーニングの重点
主体的・**対話的**で深い学び

第5学年　自動車会社が発展するための計画づくり

❶ 小単元名

自動車をつくる工業（10時間扱い）

❷ 本時の目標

自動車会社が消費者のニーズや社会の要請に応え、従事する人々の工夫や努力により営まれていることを理解した上で、今後の自動車産業について主体的に考える。架空の自動車会社を設立し、会社が発展するために大切にしていきたいことを話し合い、考えを表現する。

❸ NIEとしての狙い

新聞記事のグラフは、記事の文章と合わせて読み取ると背景や経緯を深く理解できることを知る。記事から、現代社会の多様な消費者ニーズに気付く。

❹ 本時の展開（1〜5/10時間）

時	主な発問	学習活動／○児童の反応	留意点／○資料等
1	●クラスを架空の「SUN自動車会社」に見立て、より発展するためにはどんなことを大切にしたらよいか考えましょう	▶「SUN自動車会社」を発展させるための計画を考える。 ○安い車をつくる ○事故を起こさない車をつくる	●「利益」や「車の性能」を伸ばすことを話し合いの観点とし、計画が現実的かを検討する（資料❶）。
2	●発展のため大切だと思う項目をワークシートから選び、順番をつけましょう（項目：環境、安心・安全、走行性、販売・営業、デザイン、技術）	▶グループに分かれ、根拠を明確にして項目を並び替え、考えを整理する。 ○お父さんは通勤のために車を買った。毎日乗る人にとっては、走行性が大切だと思う ○車が売れないと、新機能を持つ車の開発も、お金がなくてできないのではないか	●同じ項目のグループで話し合わせるとスムーズにいく。 ●ピラミッドチャートを活用して項目の価値づけを序列化させる。 ●項目別の記事を用意しておく。
3	●各項目に関連した計画を発表し、クラス全体で話し合いましょう	▶さまざまな立場の消費者の記事を掲示し、話し合う。 ○高齢ドライバーによる事故が多発しているので、安全対策が大切だと思う ○組み立て工場の部品を余らせない工夫は、環境保全につながる	●高齢運転者の事故の多さが社会問題となっている点も気付かせたい（資料❷❸）。 ●記事を根拠にして発表できるようにする。
4	●話し合いをもとに、「SUN自動車会社」がより発展するために大切なことを選び、その理由を書きましょう	○自動車に毎日乗らない人もいる。年齢や住む場所によってもニーズは変わる。だから社会的にも関心の高い「環境」や「安全」が大切だと思う	●多様なニーズに気付けた児童をほめ、どのニーズも大切だと気付けるようにする。
5	●本時の学習を振り返りましょう	○自動車会社は、さまざまな立場の人々から、何が必要とされているかを考えながら自動車作りに取り組んでいることが分かった	●自分の考えの変化を振り返り、学びの広がりや深まりを実感させ、仲間と学び合うことの良さや楽しさに気付かせる。

❺ 本時の板書計画

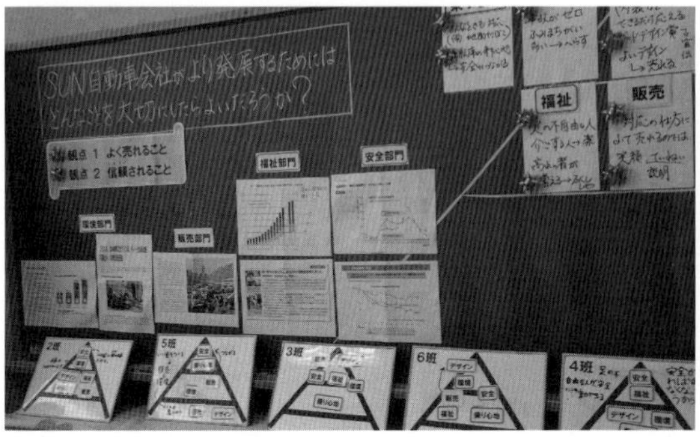

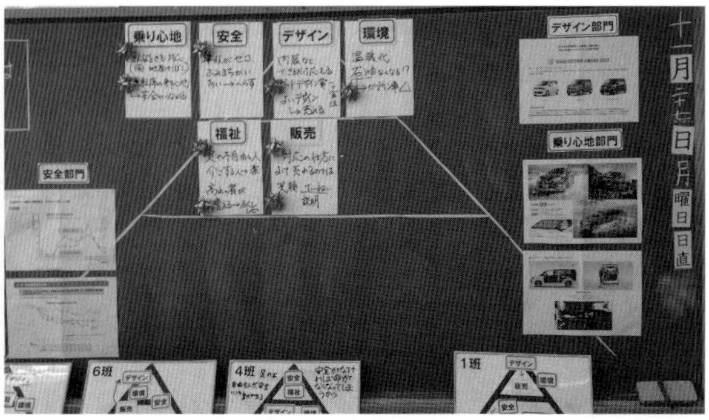

❻ 資料、ワークシート等

(1) 壁面掲示物例（単元を通して学びの足跡を残していく）

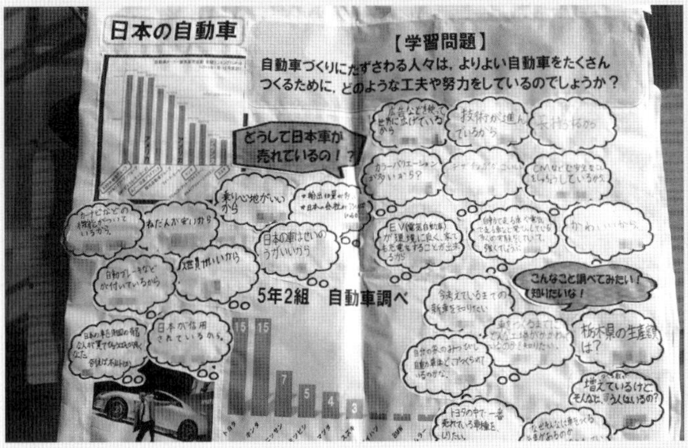

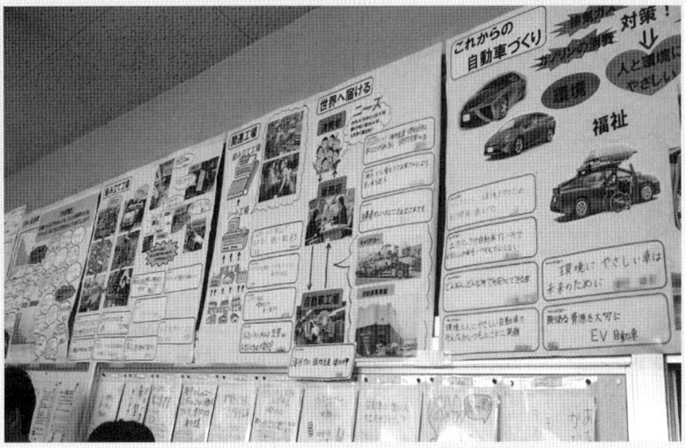

(2) 資料

資料 1　日本経済新聞 2019年7月31日付朝刊

ルノー・日産が首位陥落

上半期の世界販売　VW返り咲き

自動車メーカーの上位3陣営の2019年1～6月の世界販売の実績が30日、出そろった。独フォルクスワーゲン（VW）は536万5千台と、前年同期より2・8％減ったものの、上半期として3年ぶりに首位に立った。仏ルノー・日産自動車・三菱自動車の連合は5・9％減の521万3千台で前年の首位から3位に後退。前年3位のトヨタ自動車が2・0％増の531万1千台で2位になった。

19年上半期は欧米や中国などの主な市場が落ち込み、特に中国は景気減速が響き、新車市場が12％縮んだ。欧州も環境規制の強化が逆風となり、新車市場は約4％縮小。両市場を収益源とするVWやルノーなどの3社連合が打撃を受けた。

VWグループは全体の3割強を占める中国の販売が約4％減ったのが響いた。3社連合はルノー、日産とも世界販売の減少幅が5％を超えた。日産は値下げ販売を減らした米国が約8％減で、近年の成長を支えてきた中国も0・3％減と失速。東南アジアが好調な三菱自は5％増だったが、3社になってからの17年、18年上半期に首位だった連合が今回、転落した。

トヨタは子会社のダイハツ工業、日野自動車を含めて増え、3年続けて過去最高を更新した。首位との差は前年の約33万台から約5万台まで縮まった。他の2陣営が苦戦した中国と欧州がいずれも伸びた。中国では高級車「レクサス」や上級セダンがけん引役となり、欧州も「カローラ」シリーズやSUVの新型車を投入して約3％伸びた。

上半期は中国を筆頭に市況が悪化する地域が目立ち、19年通年の見通しを見直す動きも出てきた。英調査会社IHSマークイットは7月、19年の乗用車の世界市場見通しを2％減の9100万台に変更し、年初のプラス予想を修正。6月末には欧州自動車工業会が19年の域内の乗用車販売の見通しを従来の1％増から1％減に下方修正した。

2019年1～6月の世界販売台数
1位 フォルクスワーゲン
536万5千台（-2.8%）
2位 トヨタ自動車
531万1千台（+2.0%）
3位 ルノー・日産連合（三菱自動車を含む）
521万3千台（-5.9%）

資料 3　産経新聞 2019年12月20日付朝刊

違反高齢者に実車試験

警察庁方針　サポカー限定免許も

高齢運転者対策のポイント
・道交法を改正し、一定の違反をした高齢者に「運転技能検査」を創設、義務化
・検査に合格しなければ免許の更新不可
・対象年齢は75歳以上か80歳以上で検討
・安全運転サポート車が条件の限定免許導入
・対象車種は技術の実用化を見極めて決定

高齢運転者の事故防止対策で、警察庁の有識者分科会は19日、事故歴や特定の違反歴がある高齢者を対象に、免許更新時の実車試験を導入し、運転技能が特に不十分な場合は免許更新を認めないなどとする中間報告をまとめた。衝突被害軽減ブレーキなどを搭載した「安全運転サポート車（サポカー）」のみの運転を認める限定免許制度も創設し、高齢者らが自主的に選択できるようにすることも盛り込んだ。

安倍晋三首相は同日の関係閣僚会議で、サポカー限定免許制度の具体化を急ぐよう指示した。警察庁は中間報告を踏まえ、来年の通常国会に道路交通法の改正案を提出する方針。法改正後、2年をめどに施行される見通し。

中間報告によると、実車試験では、高齢者が免許更新時に自動車教習所のコースで車を運転。安全確認などの課題を点数化する。複数回の受験を可能にし、不合格の場合は検査官がアドバイスするが、最終的に合格点に届かなければ免許の更新を認めない。

対象は75歳以上や80歳以上を検討。運転技能に個人差があることを踏まえ、事故歴や信号無視など特定の違反歴で事故発生リスクの高い高齢者を絞り込むという。

また、サポカー限定免許は高齢者から申請を受ける「任意の制度」とし、新規取得も可能にする。衝突被害軽減ブレーキ搭載車などを想定し、通常走行時にペダル操作を誤り、アクセルを踏み続けた場合の事故を防ぐ機能の搭載を条件とすることも今後の検討材料として示された。

サポカーの先進安全技術について、中間報告は安全運転を支援するレベルにとどまるとして、実車試験の全面免除には慎重姿勢を示し、「技術の進展によっては一部の免除も考えられる」と指摘した。

＝2面に「リスク過小評価」、28面に「手続き長期化懸念」

高齢運転者の事故対策

現行の道交法では75歳以上の運転者が免許更新する際は記憶力や判断力を判定する認知機能検査を受ける必要がある。認知症の恐れがあると判定された際は医師の診察が必要で、認知症と診断された場合は免許の取り消しや停止となる。70～74歳でも免許更新時に高齢者講習の受講は必要。座学や視力チェックなどの他、コース上で運転する「実車指導」もあるが指導員からのアドバイスにとどまり、運転の結果にかかわらず免許更新が可能。

資料 2　読売新聞 2019年6月22日付朝刊

75歳以上の運転　死亡事故 2.4倍

交通安全白書

75歳以上の高齢者が2018年に起こした交通死亡事故は、運転免許証を持つ10万人当たり8・2件で、75歳未満（3・4件）の約2・4倍だったことが19年版「交通安全白書」で明らかになった。死亡事故の原因ではブレーキとアクセルの踏み間違いが5・4％に上り、75歳未満（1・1％）の約5倍に上った。

白書は政府が21日の閣議で決定した。それによると、18年の交通死亡事故は3449件。過失が最も重い「第1当事者」と判断された運転者の年齢層別（5歳ごと）の割合を見ると、免許人口10万人当たりの件数は85歳以上が16・3件で最も多く、16～19歳の11・4件、80～84歳の9・2件と続いた。高齢者に加え、免許を取得したばかりの若者の多さも目立った。

交通事故による死者数は3532人で、統計を取り始めた1948年以降では最少となった。ただ、65歳以上の割合は55・7％で過去最高となった。白書は「今後も一層高齢化が進展するのに伴い、高齢者の交通安全は、歩行者としても運転者としても重要な課題である」としている。

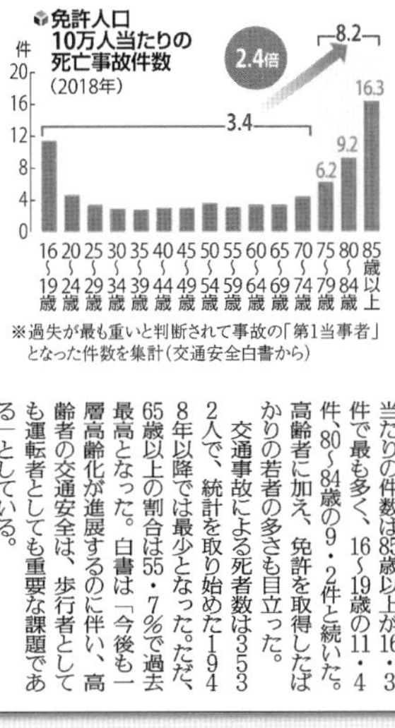

※過失が最も重いと判断されて事故の「第1当事者」となった件数を集計（交通安全白書から）

◀ 75歳以上の高齢者が2018年に起こした交通死亡事故は、75歳未満の約2.4倍とする記事から、高齢者による交通事故対策が重要な課題であることをグラフから読み取らせたい。

(3) ワークシート

＿＿＿＿＿＿部門　名前（　　　　　　）

「SUN自動車会社」がより発展するためには、どんなことを大切にしたらよいだろうか？

○ 自分の考え

会社として、今後、より大切にすべきことは何か。

（① 環境　② 安全・安心　③ 走行性　④ 販売・営業　⑤ デザイン　⑥ 技術）

○ 大切なこと

（理由）

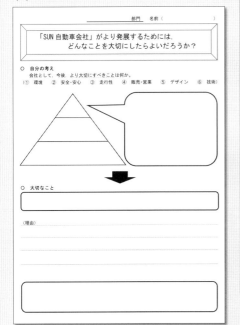

第6学年

新聞活用で、歴史を自分事として捉える

❶ 小単元名

江戸幕府と政治の安定（5時間扱い）

❷ 本時の目標

江戸の城下町の様子を表した絵巻をもとに、江戸時代の人々の暮らしについて話し合い、当時の町並みや暮らしに興味を持つ。江戸時代の町並みを保存する取り組みを新聞記事から知り、自分なりの考えを持つことができる。

❸ NIEとしての狙い

歴史学習は主に中央政権を中心に展開されるため、地域によっては子供にとって「どこか遠い昔の出来事」になってしまうことが多い。地元の記事を活用し、時間と空間のギャップを埋め、歴史的事象を自分事として捉えてほしい。

❹ 本時の展開（5/5時間、1～4時で大名統制や身分制度、鎖国等を扱っている）

主な発問	学習活動／○児童の反応	留意点／○資料等
•江戸の城下町で、人々はどのように暮らしていたのでしょうか	○薬屋さんと書いてあるよ。他にはどんなお店があったのかな ○いろいろな服装の人がいるね ○思っていたよりにぎやかで発展している	•絵巻の薬屋に注目させ、関心を持たせる。 •江戸幕府の支配体制のイメージと、絵巻の様子のギャップから問題意識を高める。 ○熙代勝覧絵巻
•絵巻をじっくり観察し、城下町の様子を調べましょう	▶絵巻物の中の人、建物、仕事に着目し、当時の暮らしについて調べる。	•クイズ形式で楽しみながら調べられるようにする。
•当時の人々の暮らしについて、どのようなことが言えるでしょう	○今につながるたくさんの仕事があるよ ○通りがいろんな身分の人たち達でにぎわっている ○厳しい身分制度の中でも、庶民がいきいきとしている	•見つけた店を現在の仕事に置き換えてつながりを考えさせる。 •通りのにぎわいから、庶民の活力に気付かせる。
•新聞記事を読んで、江戸時代の町並みの保存・活用について調べましょう	○盛岡市にも絵巻のような建物があるんだ ○町家は、江戸時代からの建物だったんだ	•記事から、話題を自分たちの地域に引き寄せる（資料❶❷）。
•町家の保存・活用についてグループで話し合いましょう	○町家は一度壊すと戻せなくなる ○保存にはお金がかかるから、費用を確保できるようなイベントにしたらいい	•結論ではなく、友達と議論する過程で自分なりの考えを持つことを大切にする。
•学習を振り返り、自分の考えをノートに書きましょう	○江戸時代の城下町は、思っていたよりにぎやかで発展していました。江戸と同じような町並みが私の住む町にも残っていると知り興味がわきました	•絵巻から学んだこと、町家の保存・活用について考えたことの2点を書かせる。 •記事のひな人形に再度注目し、当時の学問や文化に関心を持たせて次時につなげていく。

❺ 本時の板書計画

江戸時代の城下町の人々は、どのような暮らしをしていたのだろう。

熙代勝覧絵巻

•飲食店　•八百屋　•魚屋　•服屋　•雑貨屋
•牛車 → トラック　今につながる仕事
•多くの人　•いろいろな身分
◎多くの人でにぎわう大都市　民が力を付けてきた

熙代勝覧絵巻
ひな人形の絵

•ひな人形が売られている。
•今もひな人形がある。

→

資料❶

•盛岡市にも残っている。
•盛岡市も城下町だった。
•どうして残っているのだろう。

資料❷

•保存しようとしている人たち
•一度壊すと戻せない。
•費用の問題
•イベントなどで活用
•魅力を発信する

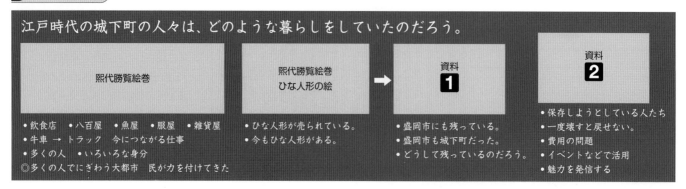

❻ 資料、ワークシート等

※❶❷の資料から、地元の町にも江戸時代の江戸のような町並みや華やかさがあったことに気付かせたい。

資料 1
岩手日報 2018年4月15日付

ひなの変遷色とりどり
40会場でまつり展開

盛岡

「盛岡町家旧暦の雛《ひな》祭り」（NPO法人盛岡まち並み塾主催）は14、15の両日、盛岡市の鉈屋町や大慈寺町周辺で開かれている。

城下町の風情が残る町家や商店など約40会場で江戸時代から現代までの華やかなひな人形やつるしびなが並ぶ。鉈屋町に2カ所ある受付で協力金500円を支払うとパンフレットや各会場の通行手形がもらえる。

初日はもりおか町家物語館前で、消防団の音頭上げや山車の公開などを催した。15日はクラシックコンサートや着物の着付け、人力車運行などを繰り広げる。蛇口瑠《る》羽《う》さん（二戸・浄法寺小4年）は「小さいおひなさまがかわいい。町並みもきれいで歩いていて楽しい」と会場を巡った。

同市南大通の下町史料館（千葉久子館長）で「御蔵の旧暦雛まつり」を同時開催。盛岡藩の米蔵だった施設に江戸時代の享保びなや昭和の八段飾りなど人形約300体を展示している。入場無料。

両イベントとも開催は午前10時～午後4時。

来場者の目を楽しませている江戸時代の享保びな

資料 2
岩手日報 2006年5月16日付

盛岡市の計画 国支援事業に
町家・商家核に街づくり
調査や実験的イベント
保存活用を推進

町家や商家などの歴史的街並みを保存活用して地域づくりを行う盛岡市の計画が、国土交通省の支援事業「都市観光の推進による地域づくり支援調査事業」に内定した。同省の現地視察を経て正式決定する見込みで二百五十万円が助成される。市の盛岡ブランド推進計画でも「まちなみ景観づくり」は重点事項として位置付けられており、市民と一体となった取り組みが本格的に始動する。

国交省の地域づくり支援事業に内定し、街並みの保存活用が進められる盛岡市鉈屋町かいわい

全国十数カ所の応募の中から、助成対象の五カ所に選ばれた。町家や商家が多く残る同市鉈屋町周辺が中心で、紺屋町や本町通なども含まれる。

事業は▽町家の群集地域や伝統的建築物の調査▽観光活用・にぎわいづくりに向けた実験的イベントやワークショップの開催▽モニターツアーや地域住民アンケートの実施—など。

運営は市や市民団体、建築士などで構成される協議会で行う。助成が正式に決まり次第、協議会を発足させる。

年末には各事業の成果をまとめて保存活用計画を策定。町家の活用方法や改修モデル、街並みの修景モデル案を提起する。

南部藩の城下町だった同市には、鉈屋町周辺を中心に江戸後期からの町家が数多く残っている。近年、市民団体によって建築的価値の見直しや景観保存の機運が芽生え、町家を巡るツアーやコンサートなどのイベントも実施されている。

同市の坂田裕一ブランド推進室長は「歴史的街並みを生かすための具体的な指針がこれまでなかっただけに、今回の助成は契機になる。住む人たちの理解を得ながら進めていきたい」と期待する。

社会

本事例のNIE
新聞活用・新聞機能・新聞制作

事例のアクティブラーニングの重点
主体的・**対話的**で深い学び

第6学年　古墳を調べよう

1 小単元名　**大昔の暮らしと国の統一**（8時間扱い）

2 本時の目標　国内最大の前方後円墳「大仙《だいせん》（伝・仁徳天皇陵）古墳」などの出土品や、古墳の造り方などを調べることを通して、権力をもった豪族や王が出現した古墳時代について考えることができる。

3 NIEとしての狙い　資料として新聞記事も活用し、大仙《だいせん》古墳を含む「百舌鳥《もず》・古市《ふるいち》古墳群」の歴史上の意義や価値を学び、世界文化遺産に登録された理由を理解する。

4 本時の展開（6/8時間）

主な発問	学習活動／○児童の反応	留意点／○資料等
•大仙《だいせん》古墳の写真を見て、気付いたことをグループで話し合いましょう	○ピラミッドよりも大きいね。なぜ、こんなに大きなものを造ったのかな ○造るのは、大変だったと思う ○鍵穴みたいな形をしているね ○誰がどうやって造ったのかな	•記事を活用し大仙《だいせん》古墳と他の建造物を比較することで、大きさを実感させる。（**資料1 2**）
•古墳がどのように造られたのか、調べてみましょう	○古墳は長い年月をかけて、たくさんの人たちで造ったんだね ○リーダーが指示をして造っているよ ○便利な機械はないけど工夫している	•教科書や資料集の古墳造りの様子（想像図）を見て、古墳造りの苦労や意味について捉えさせる。
•どのような人物が、古墳に埋葬されていたと思いますか	○強大な権力をもち、人々を治めていた王 ○銅鏡や刀もおさめられていたので、財産をたくさん持っていた人かな	•教科書や資料集にある副葬品にも着目させ、豪族や王が埋葬されていたことに結びつけたい。
•誰が何の目的で、古墳を造ったのでしょうか	▶誰が何のために古墳を造ったのか、まとめる。 ○権力者が威厳を示すため、巨大なものを自分が生きているうちに、造ったのだと思う ○世界文化遺産に登録されるほど歴史的に大きな意味のある建造物なんだね	•古墳の大きさや古墳造りの労力を振り返らせるとともに豪族や王の集団が、その後の国の統一につながっていったことを認識させる。 •「百舌鳥《もず》・古市《ふるいち》古墳群」の世界文化遺産登録に向けた勧告を報じた新聞（**資料3**）を示し、歴史的に大きな意味があることを押さえる。

5 本時の板書計画

大仙（伝・仁徳天皇陵）古墳

資料 1　資料 2

•ピラミッドよりも大きい
•造るのが大変
•鍵穴みたいな形
•誰がこの古墳を造ったの？

誰が何の目的で、古墳を造ったのだろう　⇒　強い権力をもった豪族や王が出現し、権力を示すために大きな古墳を造った

古墳造りの様子
•たくさんの人で
•リーダーが指示をして造業
•便利な機械はないが工夫している

古墳に埋葬された人とは？
•強大な権力者
•人々を治めていた
•副葬品やはにわ→財産がある

•力を示すため、生前に造った
•たくさんの人々を支配
•世界文化遺産にもなるほどの価値

6 資料

（すべて中日新聞2019年5月14日付朝刊）

資料1

資料2

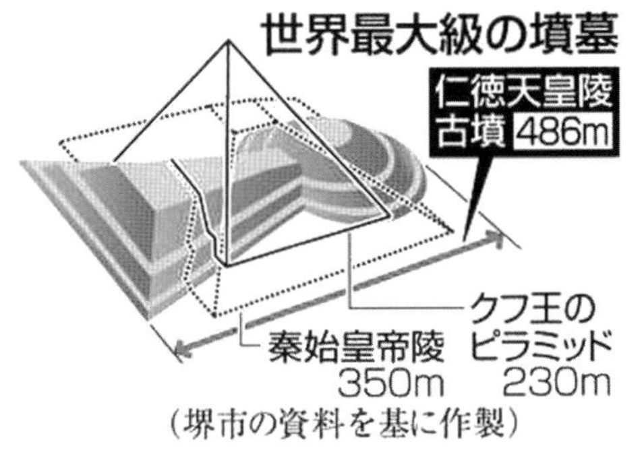

（堺市の資料を基に作製）

今回活用した新聞（写真）は、「世界文化遺産へのユネスコ機関勧告」のものであるが、2019年7月の「世界文化遺産登録決定」を報じた紙面も活用可能。また、「百舌鳥・古市古墳群」以外の世界遺産について掲載している新聞記事を活用すると、さらに児童の興味関心が高まるので、参考にされたい。

資料3

「仁徳陵」世界遺産へ

百舌鳥・古市古墳群　ユネスコ機関勧告

国連教育科学文化機関（ユネスコ）の諮問機関は十三日、日本最大の前方後円墳「仁徳天皇陵古墳」（大山《だいせん》古墳、堺市）を含む大阪府南部の「百舌鳥《もず》・古市《ふるいち》古墳群」を世界文化遺産に登録するよう勧告した。全四十九基の古墳が対象。文化庁が十四日未明、発表した。六月三十日～七月十日にアゼルバイジャンで開かれるユネスコ世界遺産委員会で正式に決まる見通しで、天皇や皇族が葬られた「陵墓」が世界遺産になるのは初めて。令和に入り最初の世界遺産となる。

登録されれば日本の世界遺産は文化十九、自然四の計二十三件となる。文化遺産の登録は、二〇一三年の「富士山」以降七年連続。

古墳群は四世紀後半から五世紀後半までに築造された四十九基で構成。墳丘の長さ四百八十六㍍で「世界最大級の墳墓」とも呼ばれる仁徳天皇陵古墳をはじめ、四百二十五㍍の前方後円墳「応神天皇陵古墳」（誉田御廟山《こんだごびょうやま》古墳、羽曳野市）から数十㍍規模の円墳までである。一部は国史跡として保護し、陵墓などは宮内庁が保全管理している。

政府は、巨大古墳を含め、形や大きさも多彩な墳墓が集中して残る世界的にもまれな事例だと強調。「墳墓が権力を象徴した時代の政治・文化を伝える物証」として一八年、ユネスコに推薦した。

世界遺産委は二十一カ国の代表が協議して登録の可否を決めるが、諮問機関の勧告を尊重するのが通例となっている。

仁徳天皇陵古墳など一部の名称を巡っては、被葬者が特定できていないとして学会などに異論もあるが、推薦書は宮内庁が陵墓として管理していることを踏まえ「天皇陵古墳」と表記した。

二〇年には、政府が推薦した自然遺産候補「奄美大島、徳之島、沖縄島北部および西表島」（鹿児島、沖縄）の登録審査が予定されている。

世界文化遺産に推薦されている百舌鳥・古市古墳群の仁徳天皇陵古墳。奥は履中天皇陵古墳＝堺市で、本社ヘリ「まなづる」から

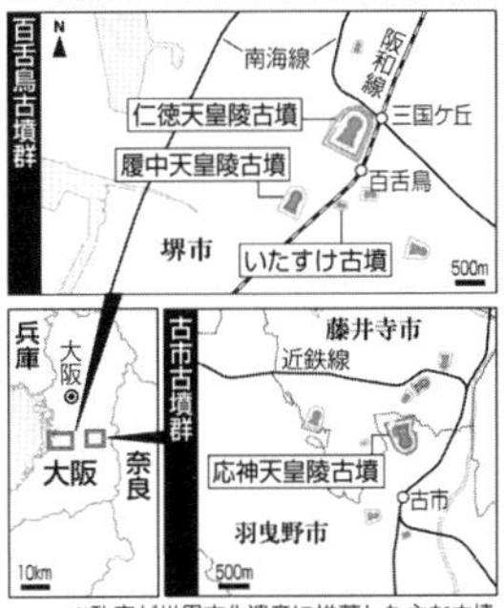

※政府が世界文化遺産に推薦した主な古墳

百舌鳥・古市古墳群　大阪府南部の百舌鳥地域（堺市）と古市地域（羽曳野市、藤井寺市）にある二つの古墳群。古代王権の形成期に当たる4世紀後半～6世紀前半の有力者の墓が密集する。上から見ると鍵穴のような形状に見える前方後円墳をはじめ、円墳や方墳、帆立て貝形など200基以上が築かれ、うち89基が現存。発掘調査で、鉄製の武器や馬具などの副葬品や埴輪（はにわ）が出土した。宮内庁管理の陵墓は原則立ち入り禁止だが、周辺が公園整備され間近に見学できる古墳もある。

古墳群の名称一覧

（表記は文化庁による）

【堺市】反正天皇陵古墳▽仁徳天皇陵古墳▽茶山古墳▽大安寺山古墳▽永山古墳▽源右衛門山古墳▽塚廻古墳▽収塚古墳▽孫太夫山古墳▽竜佐山古墳▽銅亀山古墳▽菰山塚古墳▽丸保山古墳▽長塚古墳▽旗塚古墳▽銭塚古墳▽履中天皇陵古墳▽寺山南山古墳▽七観音古墳▽いたすけ古墳▽善右ヱ門山古墳▽御廟山（ごびょうやま）古墳▽ニサンザイ古墳

【藤井寺市】津堂城山古墳▽仲哀天皇陵古墳▽鉢塚古墳▽允恭天皇陵古墳▽仲姫命陵（なかつひめのみことりょう）古墳▽鍋塚古墳▽助太山古墳▽中山塚古墳▽八島塚古墳▽古室山古墳▽大鳥塚古墳▽東山古墳▽はざみ山古墳▽野中古墳▽浄元寺山古墳▽青山古墳

【羽曳野市】応神天皇陵古墳▽誉田丸山古墳▽二ツ塚古墳▽東馬塚古墳▽栗塚古墳▽向墓山古墳▽西馬塚古墳▽峯ケ塚古墳▽白鳥陵古墳

【羽曳野市、藤井寺市】墓山古墳

雄大な墳丘 圧巻の迫力

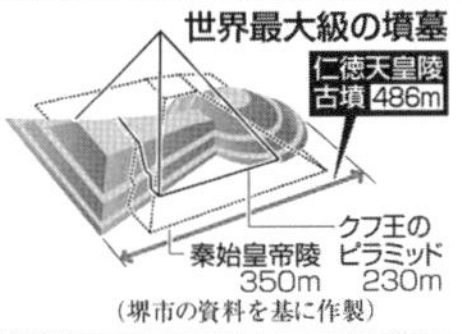

（堺市の資料を基に作製）

百舌鳥・古市古墳群は、巨大な前方後円墳を中心に大小の古墳が密集する雄大な景観が魅力の一つ。大きすぎて地上では全体像をつかみにくいが、上空から見ると圧巻の迫力だ。

ひときわ目を引くのは、三重の周濠《しゅうごう》に囲まれた仁徳天皇陵古墳。周濠を含めた面積は約四十七万平方㍍（甲子園球場十二個分）あり、クフ王のピラミッド（エジプト）や始皇帝陵（中国）と並び世界三大墳墓の一つに数えられる。

被葬者は五世紀に中国へ使いを送り、中国の歴史書に名を残した「倭《わ》の五王」の一人とみられ、周囲に履中天皇陵古墳（上石津ミサンザイ古墳、同市）など多くの前方後円墳が並ぶ様子は、まるで大海原を進む船団のようだ。

大阪空港や関西空港に向かう飛行機からもよく見え、昨秋には民間業者が堺市の臨海部からヘリコプターの遊覧飛行を実施。堺市は市役所二十一階の展望ロビーを年中無休で無料開放し、大勢の見学者が訪れている。

古墳群は、歴史の生き証人でもある。四～六世紀は文献が少なく、謎の多い時代。倭の五王が、日本書紀などに登場する、どの天皇に当たるのかも学界では議論が続いている。

謎を解く鍵の一つは、これまでに同古墳群で出土した国際色あふれる出土品だ。金銅製の装身具や馬具、鉄製武器など朝鮮半島や中国はもちろん、遠くペルシャの影響を受けたとみられるものもある。

堺市博物館や大阪府立近つ飛鳥博物館（大阪府河南町）などに展示された出土品は、古代の日本人が海を越え、大陸とダイナミックに交流したことを伝えてくれる。

第5学年

自然災害と復興を考える

❶ 小単元名　**東日本大震災と復興**（15時間扱い）

❷ 本時の目標　東日本大震災の発生当時から現在までの新聞をもとに情報を集め、スクラップ新聞にまとめる活動を通して、被災者の思いや願い、命の大切さに気付き、自分たちができることを主体的に考え取り組む。

❸ NIEとしての狙い　子供たちは東日本大震災当時の状況をよく知らない。「復興」という言葉もニュースなどで耳にするものの、自分たちに深く関わるものとして捉えていない。そこで、当時の状況などを伝える新聞から情報を集め、学んだことをスクラップ新聞にして発信する。

❹ 本時の展開（15時間）

時	主な発問	学習活動／○児童の反応	留意点／○資料等
1〜2	・東日本大震災はどのような災害だったのだろう	▶震災発生当時の様子を伝える新聞記事から災害について知る。 ○建物や車が流されていて怖い ○よく覚えていない ○関心が低くなっているのは問題だ	・津波が町に押し寄せる写真などから、災害の大きさと恐ろしさを実感させる（資料❶）。 ・震災から月日が経ち、関心が低下している影響も話し合わせ、問題意識を高める。 ○動画も併用するとよい
3〜4	・記事を書いた記者から震災当時の様子や新聞の果たした役割を学ぼう	○震災の詳しい様子が分かった ○安否確認に新聞が役立った ○新聞を調べれば当時の様子が詳しく分かる	・記者から、当時の様子や記録媒体としての新聞の価値について話を聞く。出前授業を活用するとよい。
5〜6	・新聞で詳しく調べよう	▶震災発生時から現在までの記事を活用して調べる（情報の蓄積）。	・「災害時の様子」「復興の様子」「未来への願い」の三つの視点から記事を選ばせる。 ○新聞記事データベースや各社の震災アーカイブ、新聞縮刷版
7〜9	・被災者の方から話を聞こう	▶被災者の方から、津波の様子や避難について、また復興にかける思いや願いを聞く。 ○津波の恐ろしさで胸が苦しくなった ○記事に書かれていたことは本当だった ○やはり忘れてはいけない	・被災した方の話や映像資料から、自分たちが集めた情報に現実味をもたせる。 ○新聞に掲載された被災者インタビュー記事も活用できる
10〜12	・記事を持ち寄り、グループでスクラップ新聞を作ろう	○見出しは、未来への思いを書こう ○どんなレイアウトだと読みやすいかな ○被災した方の気持ちにも配慮したい	・グループで新聞の見出しやレイアウト、リード文を話し合わせ、伝えたいことをまとめさせる。
13〜14	・スクラップ新聞で発表して発信しよう	▶ゲストティーチャーに自分たちが学んだことや考えたことを伝える。 ○想像以上の大きな災害だった ○日頃からの備えが重要だと思った ○復興にかける人々の思いを知ってほしい ○絶対に忘れてはいけない	・できれば復興に携わる方や被災地の方をゲストティーチャーとして招き、コメントしてもらう。 ・相手意識をもって発信できるようにする。
15	・自分の関わり方を考えよう	○自分にできることを考えて実行したい ○実際に被災地で学びたい。話を聞きたい	・被災者や被災地の方々とどのように関わっていくか具体的に考えられるようにする。

❻ 資料等

資料 **1** 岩手日報 2011年3月13日付

県内死者258人に

東日本大震災

沿岸部が壊滅状態
不明235人超、救出続く

防潮堤を乗り越えて宮古市の街を飲み込む瞬間の「黒い海」＝11日午後3時25分（宮古支局・熊谷真也撮影）

本県などに甚大な被害をもたらした東日本大震災で、12日午後6時現在の県内の死者は258人に達し、さらに増えそうだ。沿岸部全域の235人以上が行方不明となり、多くの人が家族と連絡を取れない状況。陸前高田市は津波で市街地のほぼ全域が水没し、壊滅状態となった。25市町村で計約4万7千人が避難し、断水などの被害も拡大。被災地では、孤立集落や建物に取り残された人の救出作業が続いている。

関連記事2～4面

県は災害救助法の適用を沿岸12市町村から県内全域に拡大。住宅再建を支援する被災者生活再建支援法も全域に適用された。

県警災害対策本部によると、死者は大船渡市と陸前高田市で計166人、宮古市28人、大槌町25人、山田町19人、釜石市、野田村各6人、久慈市3人、普代村、田野畑村各2人。負傷者はかなりの数になるとみられる。

陸前高田市、山田町は市街地の大半が水没。宮古市も中心部の建物が崩れ落ち、がれきの山ができる惨状となった。

県災害対策本部によると、避難者は午後5時現在で山田町8984人、釜石市8795人、盛岡市4173人など。断水は34市町村の約7万5千戸に及び、さらに拡大する可能性がある。

県教委によると、大船渡市吉浜中で生徒8人が行方不明。高田高は体育館が流され、一部生徒と連絡が取れていない。

陸前高田市や釜石市、山田町などで孤立集落が発生。建物にも多数の人が取り残され、消防や自衛隊による救出作業が続く。県内外の災害派遣医療チーム（DMAT）の救援活動も始まった。

東北電力岩手支店によると、午後6時現在で72万5394戸が停電。県北や盛岡市の一部で復旧している。

東北新幹線や県内のJR線、三陸鉄道、IGRいわて銀河鉄道は12日、全線で運休。13日も終日運転を見合わせる。高速道は秋田道の北上西―横手間が通行止め解除となったが、ほかは復旧のめどが立っていない。

各地の主な被害状況

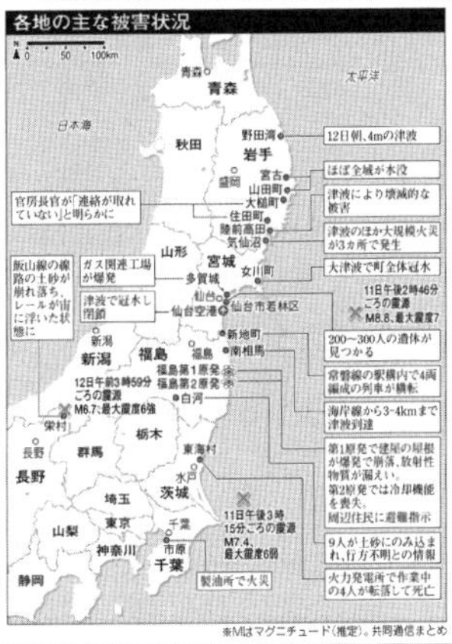

※Mはマグニチュード（推定）。共同通信まとめ

東日本大震災の都道府県別被害者数

（12日午後10時現在 警察庁まとめ）

	死者数	行方不明数	負傷者数
北海道	1		3
青森	3	1	66
岩手	258	235	61
宮城	178	81	361
福島	204	307	219
山形	1		18
秋田			7
東京	4		78
茨城	17	2	318
栃木	3		94
埼玉			19
群馬	1		24
千葉	12	17	83
神奈川	3		68
高知			1
合計	685	643	1420

宮城 1万人連絡なし
余震が頻発 状況把握難航

東北、関東に甚大な被害をもたらした国内史上最大の地震、東日本大震災は12日、各警察本部がまとめた死者が686人、行方不明者は643人に上った（午後10時現在の警察庁まとめでは死者685人）。

警察庁によると、ほかにも仙台市で200～300人の遺体が見つかるなどしており、死亡・行方不明者は計1800人を上回る見通し。大津波で壊滅的な被害が出た東北と茨城の太平洋沿岸は状況の把握が難航しており、死者・行方不明者数は今後大幅に増えるとみられる。

宮城県によると、海沿いにある南三陸町の住民約1万7600人のうち約1万人と連絡が取れず、安否確認を急いでいる。

陸前高田市では、住民約2万3千人のうち約5900人の市内への避難を確認した。警察庁によると、陸前高田市は市街地の約5千世帯が水没し、仙台市若林区荒浜では住宅約2700世帯が流された。

警察庁によると、岩手、福島など5県で21万数千人が避難。炉心が一部溶融した福島第1原発と冷却機能を喪失した第2原発の周辺住民約8万人が避難を始め、避難者は計約30万人に上った。官邸は避難指示を第1原発で半径20㌔以内、第2原発で10㌔以内に拡大、さらに増えるとみられる。

長野県栄村では12日未明、震度6強の地震があった。新潟県中越も6弱、群馬県北部と新潟県上越で5強を観測。気象庁は「大地震に誘発された可能性は否定できない」としている。

菅直人首相は12日夜、「一人でも多くの皆さんの命を救うために全力を挙げる」との談話を発表。政府は5万人規模の自衛隊員投入を表明、警察や消防とともに救助や支援活動に当たっている。

被災地の地元災害対策本部などによると、本県の野田湾で12日朝、4㍍の津波を観測。陸前高田市では市役所3階まで津波が達し、市街地にはわずかな建物しか残っていない。宮古市の沿岸部と山田町のほぼ全域も水没。宮城県女川町は町全体が冠水した。気仙沼市では最大で直径1㌔に及ぶ大規模火災が3カ所で発生した。

上越、長野新幹線は運転を再開したが、東北、山形、秋田の各新幹線は復旧のめどが立っていない。

気象庁は、北海道と東北の太平洋沿岸や茨城、和歌山、高知各県に出していた大津波警報を津波警報や注意報に切り替えた。大津波警報が出ている地域はなくなった。

◉スクラップ新聞

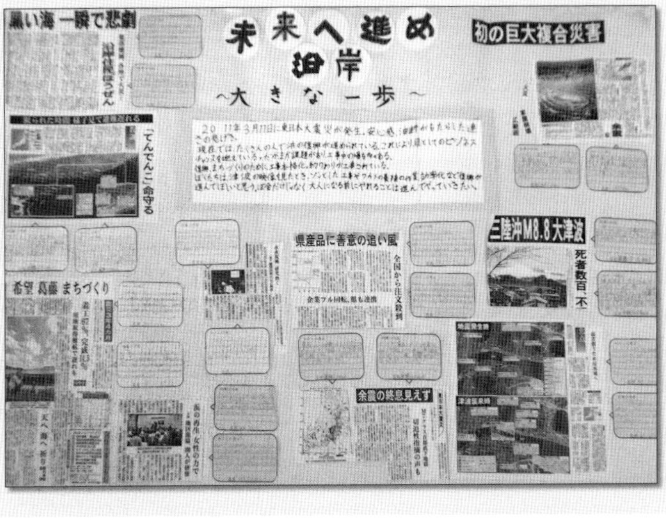

◉新聞記者から当時の様子を学ぶ

◉被災者から当時の様子を学ぶ

◉スクラップ新聞作りの様子

◉ゲストティーチャー（被災地の方）に向けてスクラップ新聞で発表する様子

総合

本事例のNIE
新聞活用・新聞機能・新聞制作

事例のアクティブラーニングの重点
主体的・対話的で深い学び

第6学年　地球の未来のためにできること

❶ 小単元名　**未来を自分たちで創るために**（7時間扱い）

❷ 本時の目標　持続可能な社会を目指し、地球上の諸問題の現状とその原因、一人一人が地球に与えている負荷を知り、解決策を考え、自分なりに行動できるような能力・態度の育成を目指す。また、専門家や保護者を迎え、これまでの活動でまとめた提言をもとに公開討論をし、視野を広げる。

❸ NIEとしての狙い　「持続可能な開発目標（SDGs）」の視点からテーマを考え、興味関心を持った記事を選ぶことで、新聞に親しみ、社会への関心を深め情報収集力を育む。作品づくりを通して、地球の未来について視野を広げることができる。

❹ 本時の展開（6〜7/7時間）

時	主な発問	学習活動／○児童の反応	留意点／○資料等
6〜7	•「SDGs」の視点はなぜ必要ですか？（授業の最後にもう一度聞く）	○人間がより幸せに生活していけるように、世界中の国が約束した目標だから ○自分のことだけではなく、地球規模で物事を見る必要があるから ○一つしかない地球を守るため	•討論の目的や意義、学習課題を確認する。 •ゲストティーチャー（栄養職員や学校図書館司書）を紹介し、多様な視点で学んでほしいことや、学んだことを教師がまとめて新聞社に提言することを伝える。
	•パネルディスカッション「地球の未来のためにできること」を始めます	▶「地球温暖化対策」「食品ロス」「動物」「児童虐待」「災害・防災」「プラゴミ対策」の6チームの提言を発表する。	•集めた情報や自らの体験、インタビューを通して学んだことを生かして、自分の言葉で話せるように、新聞スクラップなどを準備させる。
	•他のチームへの質問や感想を交流しましょう	▶集めた情報を基に、「現状」「解決策とその根拠となる事実・考え」の視点に沿って交流を行う。	•討論を通して、異なる考えを受け止めながら話し合えるようにする。 •保護者にも討論に参加してもらい、幅広い視野からの意見を聞かせる。
	•発表を踏まえてゲストティーチャーの方からお話を伺います	▶栄養職員からは「食」や「プラゴミ問題」について、学校図書館司書からは関連図書についてアドバイスをもらう。	•ゲストティーチャーには、あらかじめ発表の概要を伝えておく。
	•パネルディスカッションを振り返り、感想や意見をまとめましょう	▶ワークシートに、授業を通して学んだことや自分の生活に今後どう生かすかなどの感想、意見を書く。	○ワークシート

❺ 本時の板書計画

地球の未来のためにできること

パネルディスカッションの手順
①司会者による討論内容の紹介
②ゲストティーチャーの紹介
③各パネリストによる意見発表
④パネリストによる討論
⑤全体討議
⑥まとめ

児童作品の掲示

（提言）
•地球温暖化対策
•食品ロス
•動物
•児童虐待
•災害・防災
•プラゴミ対策

SDGs
（持続可能な開発目標）→ 地球規模の課題

現状からの未来予測→問題の原因→私たちにできる解決策

パネルディスカッションとは

あるテーマについて、異なった意見を持つ討論者（パネリスト）が聴衆（フロア）の前で意見を発表し、パネリスト同士で討論した後、聴衆も討論に加わる形式のこと。

例：会場配置図

記録者　司会者　討論者「パネリスト」

ゲストティーチャー

聴衆「フロア」

❻ 児童作品例

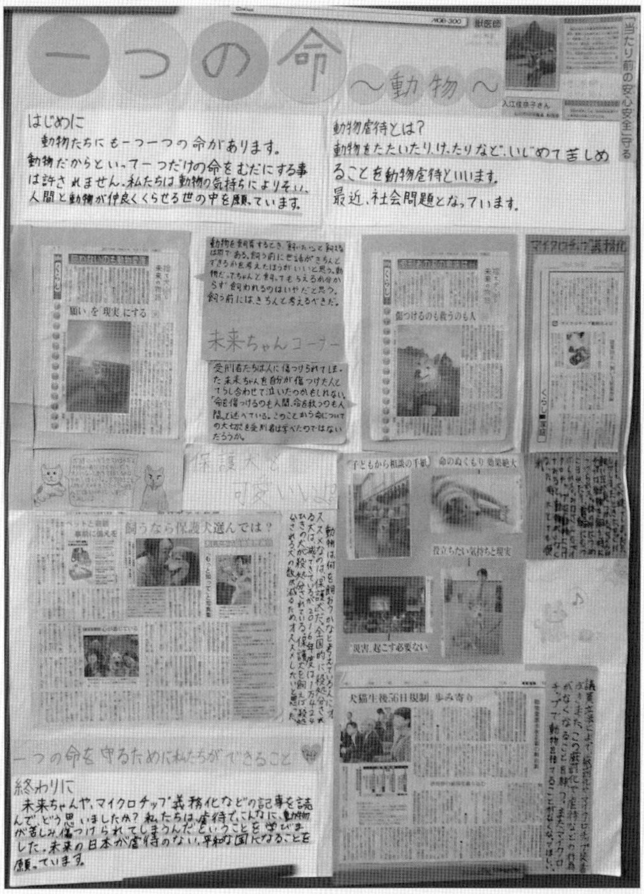

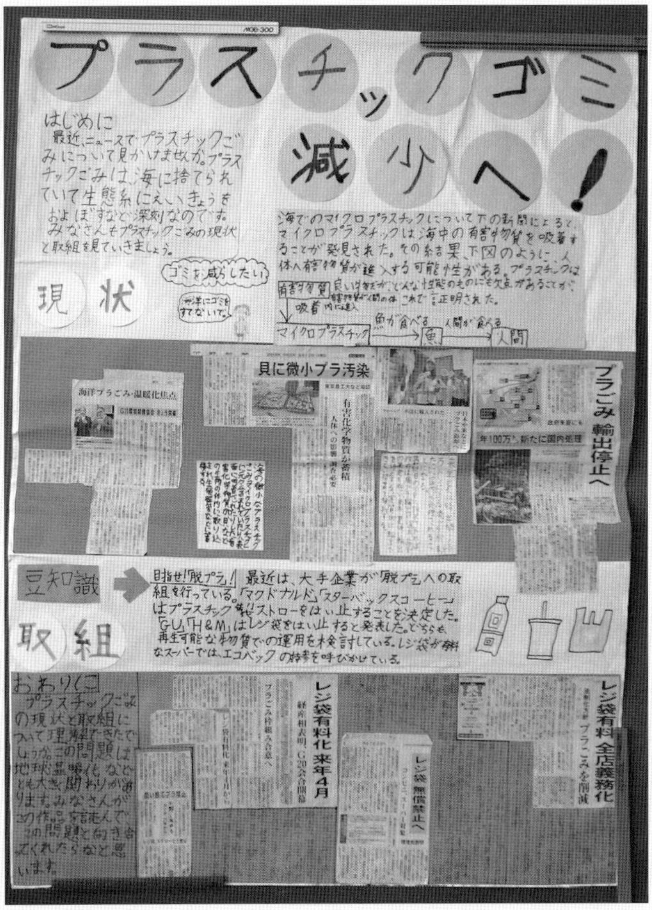

本時までに、「SDGs」の視点から児童が各自テーマを考え、興味関心を持った記事をチームで収集し、自分たちの主張を支える根拠となり得る資料を取捨選択する活動を行う。そうした活動を継続することで、新聞に親しみ、社会への関心を深め情報収集力を育むことが期待される。

第6学年

新聞記事から生き方を学ぶ

1 小単元名　**星野富弘さんの生き方に学ぶ**（10時間扱い）

2 本時の目標　体育教師として指導中の事故で、20代で首から下の自由を失いながらも創作活動を続ける詩画作家の人生観から、自分の生き方を考えるための資質を育成する。修学旅行で関連の美術館を訪れたり、資料をもとに話し合いをしたりすることで学習に主体的に取り組み、学びを深める。

3 NIEとしての狙い　新聞記事を通じて、困難に負けず努力している人や挫折を乗り越え夢に向かって頑張っている人の生き方に触れ、自分の生き方を問う。「人」をテーマにした記事を継続的に読み、生き方を考えさせたい。

4 本時の展開（10時間）

時	主な発問	学習活動／○児童の反応	留意点／○資料等
1〜2（本時）	・作家本人の生き方について、共感したことや疑問に思ったことを発表しよう ・「生きる」とはなにか、記事を読んで考えよう	▶記事から詩画作家・星野富弘さんの人生観などを学び、第一印象をワークシートに書いて発表する。 ○口でこんなに上手な絵が描けるのかな ○私は難しいとすぐ諦めてしまう。なぜ頑張れるのか聞きたい	・記事（資料**1**）や作家本人の詩画集、紹介ビデオ等を見る。自分の生き方と比べ、どんなことを感じたのか、まとめさせる。
3	・新聞には多くの人の生き方や体験が載っています。気になった記事を選んで紹介しよう	○私はこの記事を選びました。小学校3年生で学校に行けなくなった彼女に、親子旅をすることで、お父さんが生きる勇気をくれたんだと思います	・気になった記事を紹介し、その理由や自分だったらどうするかを伝える（資料**2**）。
4〜5	・作家の作品と出会い、詩に込められた思いを考えよう	▶作品の感想を「5・7・5」で表現させ、掲示する。 ○「一つの詩　何百個もの　込めた思い」	・友達の作品を見て、自分の生き方について考えさせたい。
6	・修学旅行で行く「富弘美術館」で現地の人に聞きたいことやその理由を考えよう	▶美術館のスタッフや訪れている人に取材できるよう、質問メモを作成し、友達同士で取材の練習をする。	・現地に行けない場合は「富弘美術館」ウェブサイトを利用することもできる。
7		▶修学旅行で美術館を訪れ取材する	・修学旅行後の発表に備えるよう促す。
8	・作家への思いや共感した点、疑問点などをまとめよう	▶学んだことや伝えたいことを新聞にまとめる。	○資料**3** **4**
9〜10	・美術館で出会ったお気に入りの詩画を選ぼう	▶お気に入りの詩画を一つ視写する。	・詩（言葉）から、自分の生き方を振り返る。

5 本時の板書計画

星野富弘さんの生き方を学ぶ

資料 **1**

・中学校の体育教師
・手足の自由を失う
・筆をくわえて詩や絵をかく

富弘さんの気持ち

・体育の先生のとき→健康な子供を育てたい
・大けがをしたとき→痛い、苦しい、辛い、絶望
・お見舞いの手紙をもらったとき→ 返事を書きたい 口で筆をくわえれば書ける
・作品を書き上げたとき→達成感　作品のおかげでやってこれた →「生き方が変わった」

生きるとはなにか？

・諦めないこと
・自分に負けないこと
・やりとげること
・希望をもつこと
・人を幸せにすること

6 資料等

資料 1
東京新聞 2019年10月26日付朝刊

20代で手足の自由を失い、口に筆をくわえて詩や絵をかき続けている星野富弘さん(73)の作品展「花の詩画展」が横浜市戸塚区で開かれている。区内に星野さんの詩碑がある縁から開催を熱望してきた「戸塚　星野富弘花の詩画展を開く会」の小玉智子実行委員長は「台風や大雨の災害が起きて苦しい時だからこそ、多くの人に作品を見てほしい」と思いを込める。（杉戸祐子）

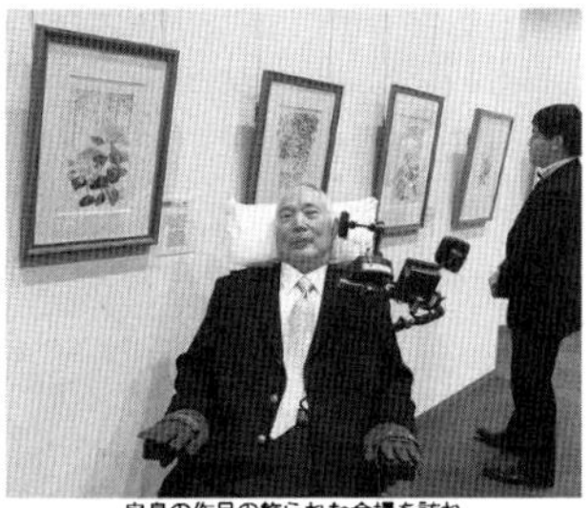

自身の作品の飾られた会場を訪れた星野富弘さん＝横浜市戸塚区で

詩碑のある戸塚で念願

星野富弘さん個展 開催中

手足の自由失い口でかく

「しあわせ」感じて

星野さんは中学校の体育教師になったばかりの一九七〇年、クラブ活動の指導中に頸髄《けいずい》を損傷し、手足の自由を失った。入院中に「もらったお見舞いの手紙に返事を書きたい」という思いから、口で筆をくわえて詩や絵をかくようになり、八二年から国内外で「花の詩画展」を行っている。

今回の展示は同区の舞岡公園にある星野さんの詩碑が縁を結んだ。星野さんの大ファンという小玉さんら地元区民が「詩碑のある戸塚で開催したい」と開く会を結成し、群馬県みどり市の富弘美術館の協力を得て実現した。詩碑は公園ができる際、昔ながらの谷戸の地形を残そうと尽力した地元住民が、活動に挫折しかけた時に星野さんの詩を読んで心を動かされたことから、園内に設置されたという。

会場には、富弘美術館に保管されている六十五点を展示。身近な野の花や小動物などの絵に素朴な言葉を添えた作品が並ぶ。星野さんも開催初日の二十四日に来場。「一枚かきあげると大仕事をやり遂げた達成感が得られる。作品のおかげで今までやって来られた」と歩みを振り返り、「詩や絵をかかなかったらベッドで天井を見て過ごし続けていただろう。生き方が変わった」と語った。

小玉さんは「星野さんは詩や絵をかくことで、絶望の淵から希望を見いだした。悲しい出来事の多い今、星野さんが見つけた『しあわせ』を展示から感じてもらえたら」と願う。

戸塚区民文化センターさくらプラザ三階ギャラリーで十一月三日まで。午前十時〜午後六時。入場料五百円、中学生以下、障害者手帳を持っている人と同伴者一人は無料。十月二十六日には富弘美術館の聖生清重館長による講演会とクラシックコンサートが予定されている。問い合わせは開く会事務局＝電080（1220）1465＝へ。

資料 2
毎日新聞 2019年9月16日付朝刊

不登校の娘と自転車旅

板橋の介護職員・恩田茂夫さん

11年前から毎夏、全国各地へ

「親子で乗り越える体験伝えたい」

不登校になった我が子とどう向き合うか――。板橋区の介護施設職員、恩田茂夫さん(54)は毎年夏、大学生の長女春音《はるね》さん(20)と自転車での長距離旅行を続けてきた。春音さんの不登校をきっかけに、不登校を脱した後も続けてきた親子旅。12回目の今年は関西を回った。恩田さんは「旅先で人々の厚意に触れ、良い経験になった。不登校の子供を抱える親にとっても、自分たちの体験が役に立てば」と話している。【日野行介】

春音さんが学校に行けなくなったのは小学3年の秋。当時通っていた区立小で男の子から暴力を受けたためだった。恩田さんは学校側の対応を不誠実だと思い、無理に行かせることはしなかった。

始まりは1冊の本だった。2人で図書館に行った時、父娘が自転車で旅をする絵本を見つけた。恩田さんが「こういうの、やってみようか」と話すと、春音さんもうなずいた。

最初の旅は春音さんが小4の夏、石川県の能登半島へ。峠道を越えて、街灯もない暗い夜道を走り続け、キャンプ場で泊まった日も。小学生の体力では厳しい道のりで、恩田さんは「次はないかな」と感じた。だが翌年、春音さんから「今年はどこを走るの」と、楽しみにしている様子で尋ねられ、続けることにしたという。

旅行は、まず分解した自転車を持って電車で出発地へ。現地で組み立てて1週間から10日ほどかけて移動する。真夏の暑さや台風の直撃など過酷な半面、見知らぬ人々の厚意に接する楽しみもある。

紀伊半島の山中で水を飲み尽くして困っていた時は、木の伐採をしていた作業員が分けてくれた。九州では早朝、小さなウミガメの大群が見られる海岸を案内されたこともある。

春音さんは私立の中高一貫校に進学し、不登校を脱した。今年は春音さんの就職活動、インターンシップの合間をぬって、8月4〜8日に関西へ。奈良市を出発点に大阪府内の古墳や文化財を回り、兵庫県明石市からフェリーに乗って淡路島の海岸を回った。

恩田さんは「親子で同じ方向に向かって走ることで達成感を共有できたと思う。学校に行く以外の選択肢があり、親子で乗り越える体験を（周囲の人たちに）伝えられたら」と話している。

恩田茂夫さん（左）と長女の春音さん＝兵庫県洲本市内で8月7日（いずれも恩田さん提供）

恩田茂夫さん（右）と長女の春音さん＝大阪市内で8月6日

資料 3
児童作品例

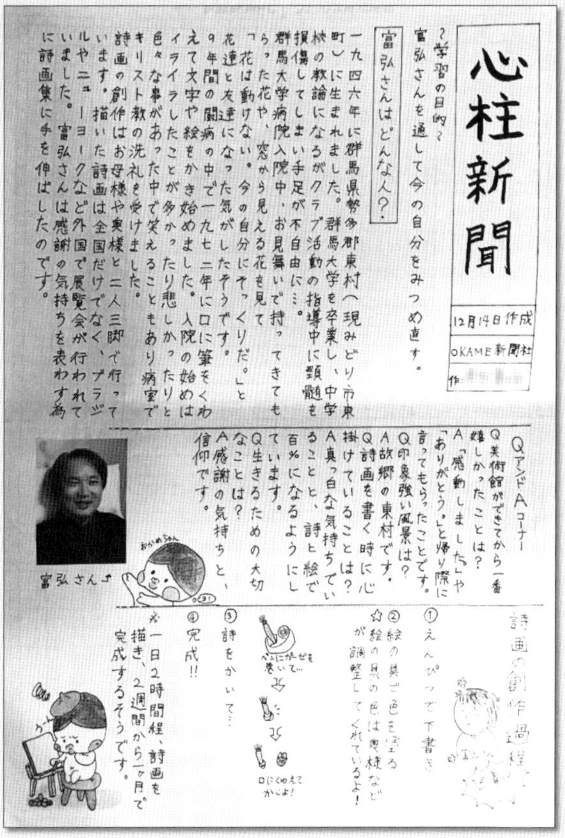

心柱新聞

12月14日作成
OKAME新聞社
作：

~学習の目的~
富弘さんを通して今の自分をみつめ直す。

富弘さんはどんな人？

一九四六年に群馬県勢多郡東村（現みどり市東町）に生まれました。群馬大学を卒業し、中学校の教諭になるがクラブ活動の指導中に頸髄を損傷してしまい手足が不自由に…。群馬大学病院入院中、お見舞いで持ってきてもらった花や、窓から見える花を見て「花は動けない。今の自分にそっくりだ。」と花達と友達になった気がしたそうです。9年間の闘病の中で一九七二年に口に筆をくわえて文字や絵をかき始めました。入院の始めはイライラしたことが多かったり悲しかったりと色々な事があった中で笑えることもあり病室でキリスト教の洗礼を受けました。詩画の創作はお母様や奥様と二人三脚で行っています。描いた詩画は全国だけでなく、ブラジルやニューヨークなど外国で展覧会が行われていました。富弘さんは感謝の気持ちを表わす為に詩画集に手を伸ばしたのです。

QアンドAコーナー

Q美術館ができてから一番嬉しかったことは？
A「感動しました」や「ありがとう。」と帰り際に言ってもらったことです。
Q印象強い風景は？
A故郷の東村です。
Q詩画を書く時に心掛けていることは？
A真っ白な気持ちでいることと、詩と絵で百%になるようにしています。
Q生きるための大切なことは？
A感謝の気持ちと、信仰です。

富弘さん↗

おかめちゃん

詩画の創作過程

①えんぴつで下書き
②絵の具で色を塗る
☆絵の具の色は奥様などが調整してくれているよ！
ペンにガーゼを巻いて…
口にくわえてかくよ！
③詩をかいて…
④完成!!
※一日2時間程、詩画を描き、2週間から一ヶ月で完成するそうです。

資料 4
児童作品例

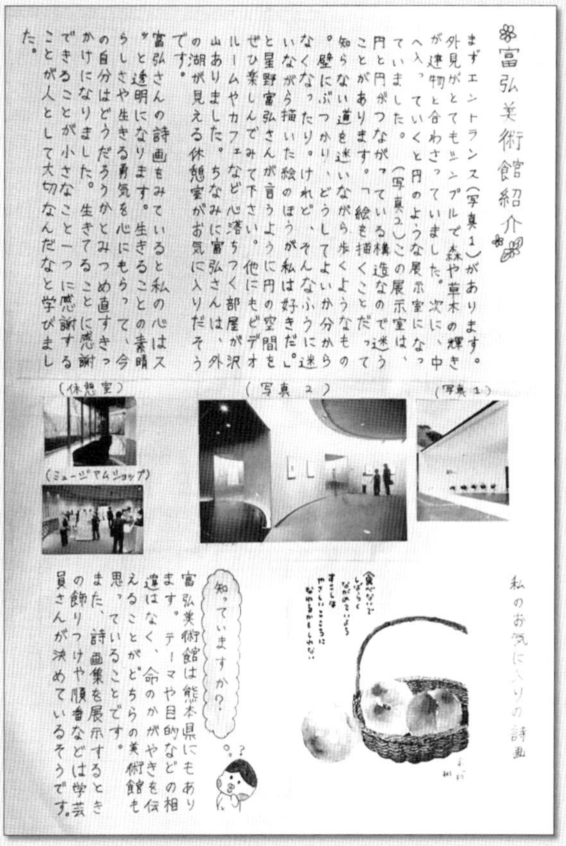

富弘美術館紹介

まずエントランス（写真1）があります。外見がとてもシンプルで森や草木の輝きが建物と合わさっていました。次に、中へ入っていくと円のような展示室になっていました。（写真2）この展示室は、円と円がつながっている構造なので迷うことがあります。「絵を描くことだって知らない道を迷いながら歩くようなもの。壁にぶつかり、どうしてよいか分からなくなったり。けれど、そんなふうに迷いながら描いた絵のほうが私は好きだ。」と星野富弘さんが言うように円の空間をぜひ楽しんでみて下さい。他にもビデオルームやカフェなど心落ちつく部屋が沢山ありました。ちなみに富弘さんは、外の湖が見える休憩室がお気に入りだそうです。

〃富弘さんの詩画をみていると私の心はスッと透明になります。生きることの素晴らしさや生きる勇気を心にもらって、今の自分はどうだろうかとみつめ直すきっかけになりました。生きてることに感謝できることが小さなこと一つに感謝することが人として大切なんだなと学びました。

（休憩室）
（ミュージアムショップ）
（写真2）
（写真1）

私のお気に入りの詩画

知っていますか？

富弘美術館は熊本県にもあります。テーマや目的などの相違はなく、命のかがやきを伝えることがどちらの美術館も思っていることです。また、詩画集を展示するときの飾りつけや順番などは学芸員さんが決めているそうです。

※上記詩画の部分は星野富弘著「あなたの手のひら」（偕成社、1999年）より

高学年

被爆者の証言を動画配信する高校生

❶ 小単元名　**動画配信する高校生の新聞記事を読もう**（内容項目Ａ 努力と強い意志）（1時間扱い）

❷ 本時の目標

被爆者証言の動画を「若い人に気軽に見てほしい」と動画投稿サイトで配信する長崎の女子高生。その高校生を取り上げた記事から、高い目標を立て、希望と勇気を持ち、困難があってもくじけずに努力し物事をやり抜く心を育てる。

❸ NIEとしての狙い

記事から道徳的な価値を考察し、児童に自分自身の生き方を考えさせたい。特別の教科道徳は、教科書の活用が大前提だが、地域の実情を考慮し、現代的なテーマなどを題材とし、児童が問題意識を持って考え議論することのできる教材の開発も推奨している。

❹ 本時の展開

主な発問	学習活動／○児童の反応	留意点／○資料等
•記事中の高校生は、何に取り組んでいるのでしょう	▶記事を読み重要な部分に線を引く。難語は辞書等で調べる。 ○ユーチューブに動画をアップしてるんだ ○原爆のことを伝えようとしている ○動画を見たい	•記事の内容を整理し、「被爆」「爆心地」など戦争関連のことは教師が分かりやすく補説する。 ○記事
•彼女はどうしてユーチューブで動画を配信したのでしょう •動画の登録者が少ないけれど彼女はどう思っているのでしょう	▶実際の動画を視聴する。 ○動画にすれば、子供にも大人にも伝わる ○原爆は本当にむごいし、怖い ○被爆の苦しみや悲しみを知ってほしい ○続けようとする強い気持ちがあるよ ○一人でも伝えることに意味がある	○「高校生一万人署名活動実行委員会」の動画 •高校生の強い気持ちに加え、動画配信が適している側面も整理する。 •切り返しの発問で、動画配信の効果的な方法と強い気持ちについて考えさせたい。
•自分が続けていることを友達に話しましょう	○習っている野球は絶対にやめたくない ○環境のために節約した生活を続けたい	•ワークシートに自分が続けていることや続けてみたいことを記入し、友達と交流する。

❺ 本時の板書計画

どうしてユーチューブで動画を配信したのかな？

〈新聞記事からわかること〉
- 長崎県出身の18歳
- 被爆者の話を動画に
- ユーチューブで配信
- 高校生一万人署名運動
- 見よう見まね

多くの人に伝えたい

よりよい方法で！

動画は伝わりやすい

被爆者証言の動画をネット配信する高校3年

里道《さとみち》　彩夏《あやか》さん

ひと
2019

「忘れてはいけない過去を、どうにか伝えたい」。長崎の被爆者が反核を訴える映像を2、3分に編集し、動画投稿サイト「ユーチューブ」で配信。「若い人に、気軽に見てもらいたい」と短さにこだわった動画に、じわりと共感が広がる。

爆心地近くの小中学校に通い、毎年、被爆者の講話を聞いた。「人は違っても、年を経るごとに被爆者の方が言葉に詰まったり、階段でつまずいたりすることが増えた」。惨禍を知る人々の高齢化を肌で感じてきた。

「明るく平和を伝えるため、行動を起こせないか」と考えていた高1の終わりごろ、学校の先輩から核兵器廃絶を求める「高校生1万人署名活動」のことを聞き、参加を即決した。

昨年の冬、「新しいことをしよう」と活動の仲間と話し合い、証言動画の発信を決めた。工業高校の情報技術科に在籍するため、「できる」と思われ編集を担うことに。

だが実は未経験。活動の支援者が持つ素材を仲間と見て内容を絞り、専用ソフトを駆使、他の投稿動画を参考に「見よう見まね」で取り組んだ。ユーチューブの「高校生1万人署名活動実行委員会」チャンネルにこれまで数本投稿。コメント欄には「頑張れ」との言葉が並ぶ。

作業を通して、何度も被爆者の声を聞き、伝えたいとの思いが深まった。就職活動で忙しいが、「これからも動画をばんばん出していきたい」と力強く語る。長崎市出身の18歳。（共同）

自分が行動を起こす！

強い気持ちで

被爆の悲惨を伝えたい

自分も続けている！続けてみたい！

- 野球をずっと続けたい
- 環境のために節約することを大切にしたい
- 毎日、読書を続けたい

平和の大切さを伝えようという強い意思があるから

❻ ワークシート

道徳　新聞記事を読もう

名前

（　　　　　　新聞　　　　年　　　　月　　　　日　　　刊）

※例

被爆者証言の動画をネット配信する高校3年

里道《さとみち》　彩夏《あやか》さん

ひと 2019

「忘れてはいけない過去を、どうにか伝えたい」。長崎の被爆者が反核を訴える映像を2、3分に編集し、動画投稿サイト「ユーチューブ」で配信。「若い人に、気軽に見てもらいたい」と短さにこだわった動画に、じわりと共感が広がる。

爆心地近くの小中学校に通い、毎年、被爆者の講話を聞いた。「人は違っても、年を経るごとに被爆者の方が言葉に詰まったり、階段でつまずいたりすることが増えた」。惨禍を知る人々の高齢化を肌で感じてきた。

「明るく平和を伝えるため、行動を起こせないか」と考えていた高1の終わりごろ、学校の先輩から核兵器廃絶を求める「高校生1万人署名活動」のことを聞き、参加を即決した。

昨年の冬、「新しいことをしよう」と活動の仲間と話し合い、証言動画の発信を決めた。工業高校の情報技術科に在籍するため、「できる」と思われ編集を担うことに。

だが実は未経験。活動の支援者が持つ素材を仲間と見て内容を絞り、専用ソフトを駆使、他の投稿動画を参考に「見よう見まね」で取り組んだ。ユーチューブの「高校生1万人署名活動実行委員会」チャンネルにこれまで数本投稿。コメント欄には「頑張れ」との言葉が並ぶ。

作業を通じて、何度も被爆者の声を聞き、伝えたいとの思いが深まった。就職活動で忙しいが、「これからも動画をばんばん出していきたい」と力強く語る。長崎市出身の18歳。（共同）

北海道新聞2019年8月18日付朝刊（共同通信配信）

※記事を貼り付けて利用する。どんな記事も利用できるようにワークシートはシンプルにする。道徳の場合は目標に「よりよく生きるための基盤」「自己の生き方についての考えを深める」とあるため、人の営みがよく分かる記事を選択し、道徳的諸価値に気付く授業を展開することが大切。

①記事中の高校生はどんなことに取り組んでいますか？

②彼女はどうしてユーチューブで動画を配信したのでしょう？

③自分が続けているものや続けていきたいものを友達に話しましょう

◉ワークシートの使い方

記事を活用した道徳では「導入」「展開」「終末」に合わせて三つの発問を設定する。

【導入】（問いを生む）………………記事の内容を読み取り、書いている事実を整理し、疑問や関心から道徳的問題を生起する。

【展開】（中心発問）…………………狙いに迫るための決め手となる発問。記事中の人物の決断や変化の心情を問う。

【終末】（道徳的諸価値の実践化）…記事から読み取れる道徳的諸価値に照らし、自分自身の生き方を考える。

第6学年

本当の親切とは

❶ 小単元名　**バスの中で**（内容項目Ｂ親切、思いやり）（１時間扱い）

❷ 本時の目標　相手の置かれた状況を理解し、思いやりの心をもって親切な行為をしようとする心情を育てる。

❸ NIEとしての狙い　子連れの親が交通機関を利用した際のトラブルと周囲の様子を紹介した記事を読み、それぞれの立場で考える。最後にほっとするような投書を紹介し、思いやりや感謝について自分事として考える。

❹ 本時の展開

主な発問	学習活動／○児童の反応	留意点／○資料等
•バスに乗るときに気を付けていることは何ですか	▶自分の経験を発表する。 ○周りの迷惑になるので大声を出さない ○困っている人がいたら席を譲る	•経験を想起させることで、関心をもって教材に向かえるようにする。
•バスが急発進し、ベビーカーが転倒しても誰も助けてくれなかったとき、女性はどんな思いだったでしょう	▶教材の新聞記事を読み、話し合う。 ○知らんぷりされて、悲しい ○手伝ってほしい ○子連れでバスに乗るのは間違いなのか	○プロジェクターによる記事の提示（**資料❶**） •女性の苦しい思いを想像させる。 •周囲の無関心さを批判的に捉えさせる。
•運転手と他の乗客はどんな気持ちだったのでしょう	○助けたいけど、バスが揺れて危ない ○（運転手）定時で発車しなければ迷惑がかかる。乗客にはルールを守ってほしい	•バスを止める場合、急いでいる乗客がいるかもしれないことや、バスの運行マニュアルの存在についても触れる。
•自分がこのバスに乗っていたら、どう行動しますか	○何かしようと思ってもできないかも ○女性の要望を聞き、手助けをする ○運転手に伝え、協力してもらう	•状況によっては親切にする難しさがあることも考えさせる。 •多様な考えに触れるように、グループによる話し合いを取り入れる。
•今日の学習を通して、「本当の親切」について考えましょう	▶これからの自分を考える。 ○困っている人に何をしてほしいか聞いたり、想像したりしてその人のために行動したい ○もし自分がその立場だったらと考えて、手伝う ▶新聞の投書の範読を聞く。	•ワークシートを用いて、「本当の親切」について考えを整理したり、深めたりすることができるようにする。 •余韻をもって終わるようにする（**資料❷**）。

❺ 本時の板書計画

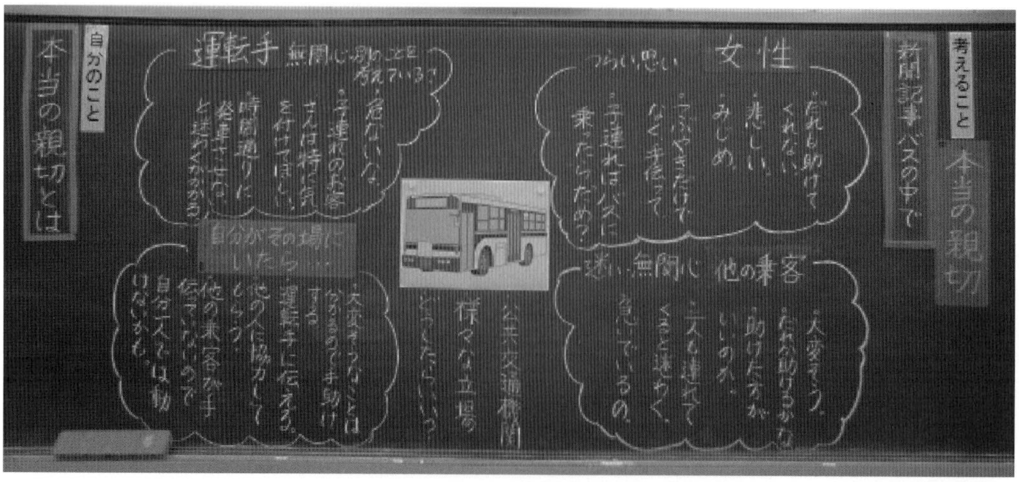

❻ 資料

資料1 朝日新聞
2019年6月23日付朝刊

バス急発進 ベビーカー転倒・破損 響く泣き声

中野の20代ママ経験

乗客のつぶやきだけが耳に届く

子連れで電車やバスを利用する際、周囲の冷たさを感じるという親は少なくない。それを象徴するような出来事が今月中旬、都内のバスで起きた。

中野区の20代の女性は17日午後1時過ぎ、2歳の長女とベビーカーに乗せた生後6カ月の次女を連れ、区内で路線バスに乗った。

左側3列目の1人掛けの席に長女を座らせ、その前に立っていたところ、バスが急発進。ベビーカーは倒れ、長女も壁で頭を打った。ベビーカーは右の前輪が外れ、不安定な状態。2人の泣き声が響き、荷物が散乱した状態のまま、ベビーカーを片手で支えながらひざをつき、前輪を探した。

前の席に座っていた女性から前輪を渡され、なんとか取り付けたのは、三つ先の停留所に着く頃。10分ほどの間に、運転手が気にかける様子はなく、助けてくれる人もいなかった。「ベビーカー壊れちゃったんだ」「タイヤ外れちゃってる」。乗客たちのつぶやきだけが耳に届き、やるせなさが募った。バスを降りる際、運転手に「なぜ止めてくれなかったのか？」と聞いたが、「お客様はしっかりつかまってくれないと困ります」と言われた。

運転手「つかまってくれないと」

帰宅後、バスを運行する関東バスの営業所に問い合わせたところ、その日の夜、管轄営業所の副所長が自宅に来て、謝罪した。同社経営管理室は取材に事実を認め、「再発防止と乗務員の再教育を徹底する」と回答した。

女性は運転手の対応以上に、周りの反応がつらかったという。「誰も助けてくれなかったことに、寂しさを感じました」と話した。（藤原伸雄）

資料2 終末で紹介する投書

本当の優しさ 孫に教えられ

会社員 三宅 隆吉（福岡県 79）

入院中の妻を小3の孫娘と見舞いに行った。エレベーターに乗り、4階で扉が開いたら、車椅子の女性が待っておられた。目の前に立っていた私は後ろに下がったが、けっこう混んでいて車椅子が乗れるスペースは確保できなかった。

すると孫が「じいじ、早く降りなよ」と私の背中を押し、自分も外へ出た。一緒に降りた看護師さんが「あなた、偉いわね。看護師になりなさいよ！」と笑顔で孫の頭をなでた。日ごろ、おちゃめな孫も、風格のある看護師さんの言葉にどぎまぎしながらも、うれしそうであった。

私はエレベーターを降りることなんか、考えてもいなかった。「思いやりのある人になりなさいよ」と、もっともらしいことを言っていたが、孫はじいじをすでに超えていたようだ。

このまま心の優しい人に育ってほしい。そう願っている。

朝日新聞2019年9月17日付朝刊

子を連れ気付く 人の温かさ

会社員 久保 友香（東京都 34）

人の優しさと温かさを感じる毎日です。

保育園児の息子はバスの降車ボタンが大好き。先に誰かに押されて泣いた時、もう一度押させてくれた運転手さんがいました。お心遣い、ありがとうございます。

バスで「私の降りる所でボタン押して」と、パンまで下さったおばあちゃん。温かさを、ありがとうございます。

園の帰り道、「また明日ね！」と毎日息子に手を振って下さるおじいちゃん。元気なあいさつを、ありがとうございます。

オモチャ問屋さんの前でじっと見ていたら、大好きなプーさんのぬいぐるみを下さったおじさん。気持ちをくんで頂き、ありがとうございます。私も優しさを誰かにお返しし、循環させていきたいです。

そして息子へ。温かいやりとりを教えてくれて、どうもありがとう。

朝日新聞2019年7月8日付朝刊

本事例のNIE
新聞活用・新聞機能・新聞制作

事例のアクティブラーニングの重点
主体的・対話的で深い学び

第3学年

新聞に載っている大きな数を探そう

1 小単元名 　**一億までの数**（11時間扱い）

2 本時の目標

学習指導要領に「身の回りから見いだせる大きな数に関心を持ち進んで調べる態度を育み、数についての感覚を豊かにする」とあるように、身の回りにある新聞から大きな数（一億まで）を探し、社会で使われている数に関心を持たせる。

3 NIEとしての狙い

新聞には数多くの資料やデータとしての数字が載っている。児童に人口や地方自治体の予算、面積や距離等から大きな数を見つけさせ、自分たちの身の回りにたくさんの数字があることに気付かせる。

4 本時の展開（11時間）

時	主な発問	学習活動／○児童の反応	留意点／○資料等
1～5	1時：一万までの数の仕組みと読み方や書き方 2時：一万をこえる数の読み方、書き方、仕組み 3時：千万の位の数の読み方や書き方 4時：一億までの数の仕組み 5時：数値線上での一万の位までの大小比較		
6（本時）	•新聞の中から一億までの大きな数を見つけ、誰の数字が一番大きいか比べよう •ワークシートに必要な事柄を書こう	○一番大きい数が見つかるように探すぞ ○いろんなところに大きな数があるよ	•一人につき1日分の新聞を用意し、大きな数を見つけたら付箋を貼り、その数字を写させる。
	•グループで、自分の見つけた大きな数を発表しよう •各グループで見つけた大きな数を発表しよう	▶グループ内で一番大きな数と二番目に大きな数を見つけた児童が発表する。	•グループ内でゲームのように競わせることで、意欲的に楽しく学ばせたい。
	•数の大きな順に番号をつけよう •新聞の中の数字には、どんなものがありましたか	▶自分が見つけた数字の単位（人数、お金、年、個数、回数、長さ、重さ、広さなど）を発表する。	•桁数を比べさせ、同じ桁数の場合は、数字の大小で比較させる。 •新聞には、世の中のさまざまな情報が数字で載っていることに気付かせる。
7～11	7時：大きな数のたし算やひき算の仕方 8時：数を10倍にする方法 9時：数を100倍（10倍の10倍）する方法 10時：数を10で割る方法 11時：練習問題		

5 本時の板書計画（6/11）

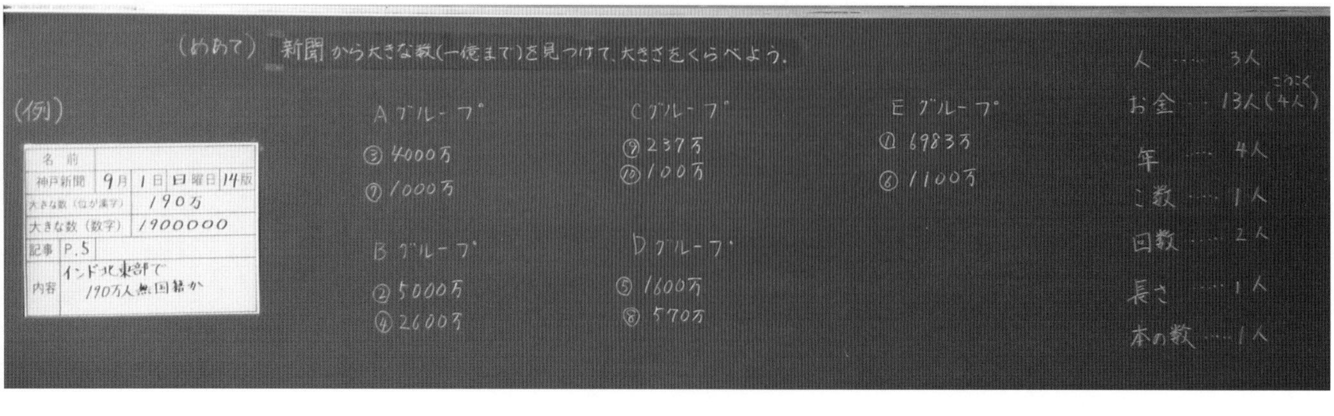

❻ 資料、ワークシート等

(1) ワークシート

- 記事から見つけた数字がどこに記載されているのかを確かめるためにワークシートに書かせる。
- 「内容」は、記事の内容を書く。難しければ書かなくてもよいと伝える。

名前					
新聞	月	日	曜日	版	
大きな数（位が漢字）					
大きな数（数字）					
記事	P.				
内容					

(2) 児童が見つけた記事の大きな数

◆N国、れいわに各6千万円超交付　総務省は10日、7月の参院選結果を受け再算定した2019年分の政党交付金の配分額を発表した。新たに政党要件を満たしたNHKから国民を守る党に6983万円、れいわ新選組に6712万円が交付される。首位は自民党の176億4771万円。

6983万

神戸新聞2019年9月11日付朝刊（共同通信配信）

名前					
神戸新聞	9月	11日	水曜日	14 版	
大きな数（位が漢字）	6983万				
大きな数（数字）	69830000				
記事	P.4				
内容	N国とうとれいわ新せん組にわたすお金				

韓国人訪日客 8月半減

全体も11カ月ぶり前年割れ

観光庁は18日、日本を8月に訪れた韓国人旅行者数は30万8700人で、前年同月に比べ48・0%減ったとの推計を発表した。泥沼化する日韓の対立が響き、7月の7・6%減から急降下した。他国を含む訪日客全体も2・2%減の252万100人で、台風21号や北海道地震が影響した昨年9月以来11カ月ぶりのマイナスに沈んだ。

（2面に関連記事）

政府は東京五輪・パラリンピックが開かれる2020年に訪日客を4千万人とする目標を掲げている。しかし、韓国では一部日本製品の不買運動も起きており、財務省が18日公表した8月の貿易統計（速報）によると韓国向けの輸出は前年同月比9・4%減だった。関係改善の兆しはない上、日韓の航空路線は今後も運休が予定され、目標達成に暗雲が漂い始めた。

観光庁の田端浩長官は記者会見で「団体旅行など多数の訪日旅行のキャンセルが発生した。新規予約も減少している」と説明、政府目標への影響は「見通しが難しい」と明言を避けた。

8月の訪日客を国・地域別に見ると、トップの中国が16・3%増の100万6000人。7月に続き100万人を突破したが、韓国の落ち込みを補えなかった。2位は常連の韓国を追い抜き、台湾の42万300人（6・5%増）。3位は韓国、4位は香港の19万300人（4・0%減）、5位は米国の11万7800人（14・3%増）だった。

伸び率はベトナムの27・7%、フィリピンの27・5%が目立った。

今年1～8月の累計は前年同期比3・9%増の2214万4900人で、今のところ過去最多ペースを維持している。

韓国人訪日客の月別推移

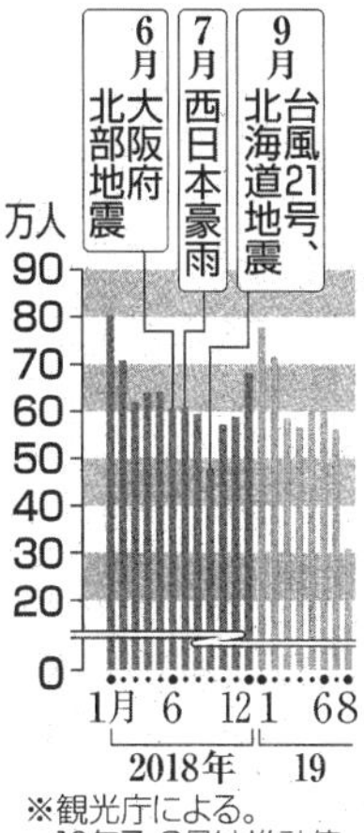

※観光庁による。19年7、8月は推計値

訪日外国人旅行者数の推移

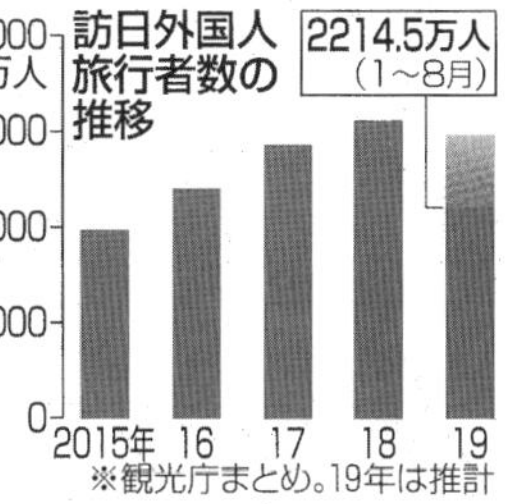

※観光庁まとめ。19年は推計

神戸新聞2019年9月19日付朝刊（共同通信配信）

名前					
神戸新聞	9月	19日	木曜日	14版	
大きな数（位が漢字）	4000万				
大きな数（数字）	40000000				
記事	P.1				
内容	日本に来る外国のりょこうする人の数				

4千万

理科

本事例のNIE
新聞活用・新聞機能・新聞制作

事例のアクティブラーニングの重点
主体的・対話的で深い学び

第5学年

豪雨と私たちの暮らし

1 小単元名　**天気の変化**（8時間扱い）

2 本時の目標　豪雨災害の様子について実感をもち理解することで、豪雨の起こる仕組みやメカニズム、気象の変化について主体的に学び、自分事として考える。

3 NIEとしての狙い　豪雨による災害発生時と復旧後の新聞の写真を比較し、被災場所にどれだけの雨が降った結果なのか、資料をもとに考え災害発生時の降水量等、気象状況への関心を持つ。

4 本時の展開（8/8時間）

主な発問	学習活動／○児童の反応	留意点／○資料等
•2枚の写真を比べて分かることは何ですか	▶災害時と復旧後の写真を比較する。 ○茶色の水があふれて家や建物がつかっている ○小学校のグラウンドが運んできた土砂でいっぱいになっている	•2枚の写真の相違点に着目し、被害を具体的に発表させる（**資料1**）。 •死者・行方不明者数等は児童の心情に配慮し、必要に応じて知らせる。
•なぜこんなことが起きたのでしょうか	▶災害の原因について予想する。 ○たくさんの雨が、短い時間に降ったから ○長い時間たくさん降ったから	•原因は豪雨（気象）関係に限定し、人的、社会的（インフラ等）なものは含めない。
•西日本豪雨（2018）と九州北部豪雨（2017）の違いは何でしょう	▶日本気象協会ウェブサイトの「九州北部豪雨から2年　西日本豪雨から1年」などの資料をもとに、短時間豪雨と長時間豪雨の特徴をまとめる。 ○西日本豪雨は広範囲にたくさんの雨が、2日間にわたり降っている ○九州北部豪雨は短い時間にたくさんの雨が降った	•「線状降水帯」について知らせる。 •湿った空気と雨の関係について整理する。
•記事から西日本豪雨が起きた理由を探しましょう	○上空の湿度がすごく高く、積乱雲が発達した ○梅雨前線の停滞や台風の接近も関係している ○温暖化が一因らしい	•「熱帯地域」「広域に積乱雲」「上空の高い湿度」などのキーワードは必要に応じて解説する（**資料2 3**）。
•私たちはこの災害からどんなことを学べますか	▶気象庁のウェブサイト「災害をもたらした気象事例一覧」から過去の事例を調べ、気象情報の有効な活用について考え発表する。 ○天気予報や気象情報をよく見て考えることが大切だ ○予報や警報を見て早めに行動することが大事だ	•自分の生活と災害との関わりを考え、自身の安全のための「気象情報の活用」という視点を持たせる。

5 本時の板書計画

豪雨と私たちの暮らし

資料 **1**

西日本豪雨の前と後で比べてわかること
- 茶色の水があふれて、家や建物が被害にあった。
- 小学校のグラウンドが運んできた土砂でいっぱいになっている。

日本気象協会ウェブサイトからの資料など

〈西日本豪雨〉	〈北九州北部豪雨〉
広い範囲	せまい範囲
長い時間	短い時間
たくさんの雨	たくさんの雨
大量の湿った空気	大量の湿った空気
	線状降水帯

過去の豪雨災害（気象庁のウェブサイト）
- 毎年おきている。
- 被害場所は川や海の近くが多い。
- 台風や低気圧など理由はさまざま。

過去の豪雨災害から学ぶこと
- 天気予報や気象情報をよく見ることが大切だと思う。
- 予報や警報を適切に判断して、早めに行動することが大事だと思う。

6 資料

資料1 中国新聞2019年7月5日付朝刊

② ㊤土石流に襲われた呉市天応西条地区。地区を流れる大屋大川も埋まった（18年7月7日）
㊦土砂が取り除かれた天応西条地区。壊れた住宅の撤去も進み、更地が広がる（19年6月24日）

① ㊤西日本豪雨後、地域に押し寄せた土砂やがれきが置かれた広島市安芸区の矢野小の校庭（2018年8月10日）
㊦土砂などが全て取り除かれた校庭には、真新しくなった鉄棒などで遊ぶ児童の元気な声が響く（19年6月25日）

資料1の左の上下の写真では、多くの家屋が水害により流れ出した土砂で被害にあい、撤去に至ったことが分かる。右の上下では、手前の鉄棒に着目させ、土砂が1m近く堆積したことや多くのがれきが流れてきたことに気付かせたい。

資料2

積乱雲 広域で多発

西日本豪雨原因 京大が解析

大気中の水蒸気が多く上空の湿度も極めて高い気象条件の下、雨を降らせる積乱雲が広域に持続して多発した―。昨年7月の西日本豪雨が、なぜ広範囲に大きな被害をもたらしたのかの解析結果を、京都大防災研究所の竹見哲也准教授らのチームが19日、国際学術誌電子版に発表した。

ほとんどが温帯に属する日本が、熱帯地域のような気象状態だったとも指摘。地球温暖化が進行すればさらに激しい豪雨が起きる可能性があり、積乱雲発達を予測する研究が必要としている。

西日本豪雨の気象イメージ

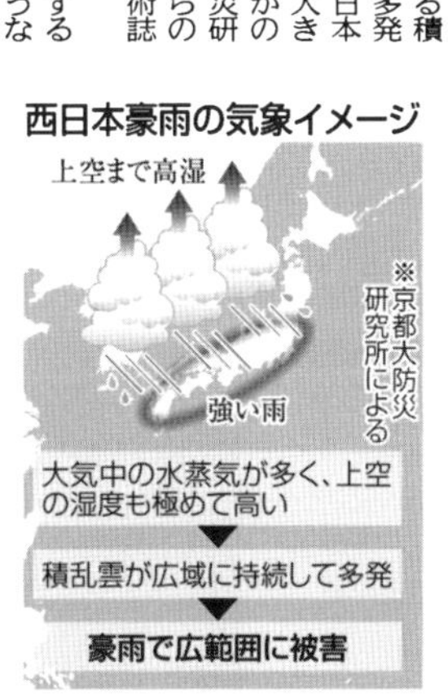

積乱雲は、大気の状態が不安定で、大気中に水蒸気が豊富に含まれていると、高く盛り上がるように発達する。

チームは、昨年7月5～8日の3時間ごとの気象データを解析。すると、東シナ海から日本列島で、大気が不安定な状況が続き、大気中の水蒸気量が例年に比べ多かった。通常は湿度が低くなる上空の状況を調べると、3千～9600㍍の平均湿度は九州、四国、中国、近畿、中部地方にかけて80%を超え、極めて高かった。

こうした状態が日本列島の広域に広がり、積乱雲が同時多発し、洪水や河川の氾濫、土砂災害などの大きな被害につながったと判断した。

西日本豪雨では活発化した梅雨前線が停滞し、台風が接近した影響も重なって雨が長時間続き、多くの犠牲者が出た。

中国新聞2019年9月19日付朝刊（共同通信配信）

資料3

西日本豪雨「温暖化が一因」

気象庁が初の見解

世界気象機関によると、すでに世界の平均気温は産業革命前より1・1度上昇。気象庁気象研究所（気象研）などは、昨年7月の日本の記録的な猛暑は温室効果ガス排出増に伴う地球温暖化の影響がなければ起こりえなかったと分析する。気象庁は昨年の西日本豪雨について、個別の豪雨災害では初めて温暖化が一因との見解を示した。

欧州連合（EU）の地球観測プログラムは、今年7月が観測史上最も暑い月となったと発表。熱波、北極圏や高緯度地帯での大規模な森林火災など、温暖化との関連が指摘される異常気象、災害が今年も世界各地で発生している。国連の気候変動に関する政府間パネル（IPCC）は今年9月に、100年に1回程度だった大規模な高潮などが、海面上昇により今世紀半ばには年1回以上発生するようになると警告した。

日本への影響も甚大だ。気象研によると、平均気温が産業革命前より4度高くなった場合、最大風速59㍍以上の猛烈な台風が日本の南海上を通る頻度は増加するという。

毎日新聞2019年11月6日付朝刊

生活

本事例のNIE
新聞活用・新聞機能・**新聞制作**

事例のアクティブラーニングの重点
主体的・対話的で**深い学び**

第1学年　新聞から秋を見つけよう

❶ 小単元名　**秋を紹介しよう**（5時間扱い）

❷ 本時の目標　新聞から秋を感じる写真や記事を選び台紙に貼り、感じたことを書いた新聞を製作することで、夏から秋への季節の変化に対する気付きを深めることができる。

❸ NIEとしての狙い　新聞に季節の写真が載っていることに気付くとともに、新聞から写真を選ぶことで、目的に合ったものを選ぶための観察力を養う。台紙に写真を配置する際の構成力・表現力を培う。

❹ 本時の展開（4〜5/5時間）

時	主な発問	学習活動／○児童の反応	留意点／○資料等
4	•「あきしんぶん」を作って秋の思い出を発表しよう	▶体験したことを思い出す。 ○どんぐりを見つけた ○ススキもあった	•教師が自作したものを見せ「あきしんぶん」のイメージを持たせる。
	•新聞から秋を見つけよう	▶秋を感じる写真や記事を切り抜く。 ○いろいろな写真がある ○葉っぱや木の実だけでなく、お祭りからも秋が分かるよ	•個人で切り抜かせる。 ○9〜11月の新聞 ○はさみ
5	•台紙に貼りつけよう	▶3〜4人のグループで構成を相談しながら写真を貼る。 ○この大きなキキョウのお花の写真を貼ったらきれいだよ	•台紙を小さくし、個人で作成させてもよい。 ○台紙、のり
	•写真から聞こえる音、声やにおい、味、触感など感じたことを書こう	▶台紙の空いている場所に感じたことや、秋に関連する絵を書く。	•吹き出しカードに書かせて貼ってもよい。 ○色ペン
	•できた新聞を見せ合おう	▶グループごとに発表する。 ○私は秋の迷路を選びました。迷路で絵が描いてあって、すごいなと思いました。リスがどんぐりを「かりっかりっ」と食べている感じがしました	•選んだ写真とその理由、感じたことを発表させる。

❺ 本時の板書計画

しんぶんからあきをみつけよう

◉これまでみつけたあき
- どんぐり
- すすき
- あかくなったはっぱ
- ながそでのシャツ
- かぜがつめたくなっていた

あきしんぶんをつくろう

《つくりかた》
①しゃしんをきりとる。
②だいしにならべる。
③かんじたことをかきこむ。

写真例　写真例　写真例

《台紙》

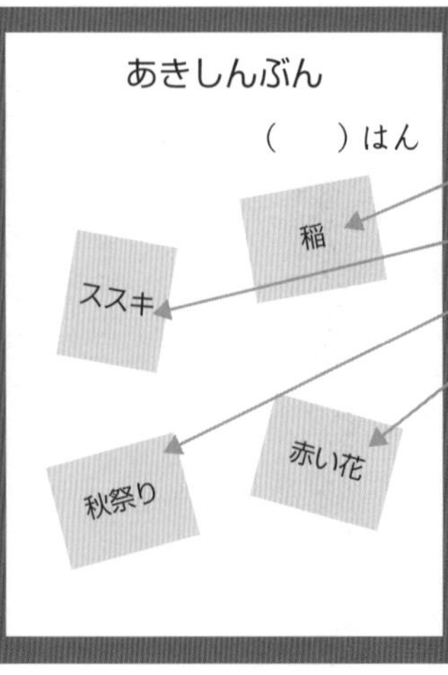

「もうすぐいねかりだ！」
「すすきがいっぱい」
「ピーヒャラ、ピーヒャラ♪」
「きれいなピンクにさいたね」

《はっぴょう》
- じぶんのしゃしんをいう。
- おおきなこえでいう。
- しずかにきく。

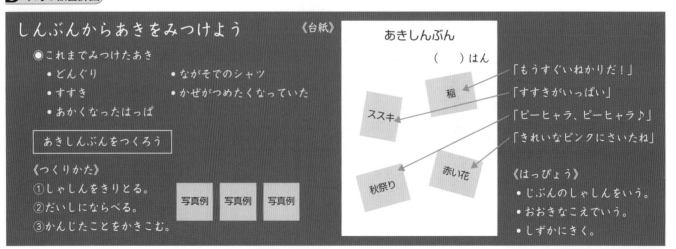

❻ ワークシート

あきしんぶん	がつ　　にち（　　）ようび	つくったひと

大分合同新聞
2019年10月24日付朝刊

幸青果（志生木）
ミカン詰め放題

人気のミカン詰め放題コーナーで写真に納まる新垣盛男社長（右）とスタッフ

道の両脇にミカンが山積み。思わず車を止めて寄りたくなる直売所だ。新垣盛男社長(70)は「通るとミカンの香りがすると言われる」と笑う。

ミカン専門卸売業の2代目。2006年、直売に力を入れ始めると売り上げが飛躍的に伸びた。酸味や甘味、ジューシー感が違うかんきつ類が年中並び、ピークの2月は26種がそろう。

「納得して買ってほしい」と全てが試食可能。県内の他、四国や九州の各県からさまざまな品種を集め、「来れば新しい発見があるはず」と自信を見せる。

人気は時季ごとに品種が変わる詰め放題。5月にはソフトクリームとスムージーも売り出し、さまざまな角度からミカンを味わってもらえるよう工夫を凝らす。

マネジャーの大本みづほさん(44)は「スタッフが丁寧に品種の説明をします。来て、見て、触って、食べてみて」と話した。

（渡辺美加）

メモ　10月いっぱいは極早生がメインで並ぶ。午前9時～午後6時。1月1～3日以外は無休。☎097・575・0163。

大分市は県都でありながら農業も盛ん。旬の野菜や果物、手作りまんじゅうなどの加工品を販売する直売所が数多くある。最近はカフェを併設してスイーツを置いたり、詰め放題ができたりと個性的な店が登場。地域に密着し、消費者の心をがっちりつかんでいる店も頑張っている。秋が深まりゆく中、六つの直売所を訪ねた。

心をつかむ秋の直売所

ミカンたべたいな

めりろすごい

「スタート」の矢印から、「ゴール」の矢印まで、通り抜けましょう。黒い線のところは壁になっているので通れません。秋の風景の中をうまく進めるかな？

迷路

毎日新聞
2019年9月29日付朝刊

リスがどんぐりを
かりっかりっとたべてるね

こうようライトアップ

6さいからのニュース

あきになり、木《こ》のはが赤《あか》やきにいろづくことを、こうようといいます。こうようがきれいなことでよくしられる京都《きょうと》市《し》の永観堂禅林寺《えいかんどうぜんりんじ》で1日《ついたち》、おにわのライトアップのテストがありました＝写真《しゃしん》。6日《むいか》から、よるでも見《み》られるようになります。

イロハモミジやヤマモミジなどの木《き》が、ライトでてらされました。見《み》ごろは11月《がつ》のなかばからということです。

毎日小学生新聞2019年11月4日付

とんぼ

第6学年

病原体と病気

1 小単元名 **病気の予防**（8時間扱い）

2 本時の目標 病原体がもとになり起こる病気を予防するには、病原体の発生源をなくす、病原体のうつる道筋を断ち切る、抵抗力を高めることが大事であることを理解する。

3 NIEとしての狙い 季節にふさわしい記事を目的をもって読み、必要な情報を取り出したり関連づけたりして問題解決に生かすことで、情報活用力を高める。

4 本時の展開（2/8時間）

主な発問	学習活動／○児童の反応	留意点／○資料等
•インフルエンザは、どのようにしてうつるのでしょうか	○くしゃみやせきでウイルスが空気中に飛び散る（飛《ひ》沫《まつ》感染） ○ウイルスがついたものを触る（接触感染）	•感染から発病までの道筋を押さえる。 ○教科書：病気の起こり方
•インフルエンザを予防するにはどうすればよいのでしょうか	○換気をする ○手洗いやうがい、歯磨きをする ○マスクをつける ○ワクチンの接種をする	•多くの予防法を実践することが有効であると気付かせる。 ○教科書：病気の予防
•記事を読んで詳しく調べましょう •集めた情報で、大切なことを発表しましょう	▶予防接種・手洗い・マスクなどについて、その効果や留意点を記事から調べて発表する。 ○インフルエンザ患者は、例年子供が約半数を占める ○防止には、手洗いとマスクをつけることが大切。特に爪の周りをよく洗う ○教室の換気も大事だ	•インフルエンザに関する記事をコピーし、児童に配布する（資料**1** **2**）。
•本時をまとめましょう	○消毒などで、感染症の発生源をなくす ○ウイルスを体に入れない ○体を丈夫にし、抵抗力を高める	•発生源をなくすとともに、うつる道筋を断ち切る、抵抗力を高めることが大切とまとめる。

5 本時の板書計画

病原体と病気

◇インフルエンザはどのようにして起こるか
病原体→鼻、口→のど、気管、肺→病原体増

【課題】インフルエンザを予防するにはどうすればよいか。

発生源	道筋	ていこう力
•洗い流す •薬品消毒 •日光消毒 •熱消毒	•手洗い •うがい •歯磨き •マスク •換気	•栄養のバランスの良い食事 •早寝、早起き •予防接種
をなくす	を断ち切る	を高める

《児童に配布した新聞資料》

資料**1**　資料**2**

《調べたこと》
•予防接種は、「重症化」を予防する。
•加湿器などで湿度を50～60%に保つとよい。
•手洗いは約30秒間
•マスクは自分に合った適正なサイズを選ぶ。

病原体の発生源をなくすとともに、病原体のうつる道筋を断ち切る、抵抗力を高めることが大切である。

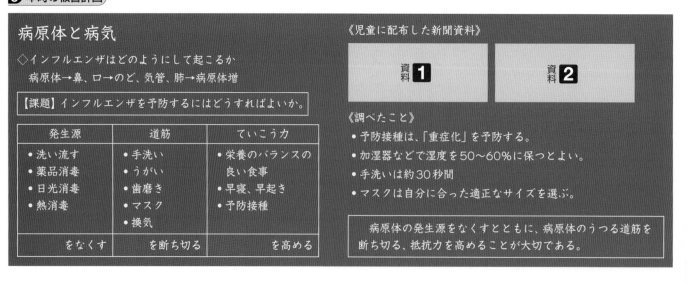

6 資料

資料 1
毎日新聞2019年10月30日付朝刊

くらしナビ　医療・健康

マスク・手洗い インフル対策

毎年12〜3月になるとはやるインフルエンザ。今年は異例の早さで患者が増えていて、台風19号の被災地では被災者がひしめく避難所で特に注意が必要だ。予防するために何ができるか、専門家に聞いた。

●のどの乾燥防ぐ

感染症に詳しい川崎市健康安全研究所の岡部信彦所長によると、口や鼻、のどなどが乾燥すると、病原体の侵入を防ぐ粘液が乾き、粘膜表面が荒れ、病原体が侵入しやすくなる。病原体を外に押し出す気管支の線毛も寒さや乾燥で働きが弱まる。

インフルエンザは、せきやしぶきなどに混じったウイルスを吸い込んで感染する。そのため、マスクは患者からウイルスが飛び出るのを防ぎ、感染拡大を防ぐ効果がある。岡部所長は「せきや熱が出始めた人や、治りかけの人などは、人前ではマスクをつけた方がいい」と説く。実用上は医療用の高度なマスクでなくても、市販のマスクで十分。病原体の侵入をバリアーとなって防ぐほか、のどなどの乾燥を自分の息で防ぐため、病原体を侵入しづらくさせる効果が期待できるという。

マスク以外にも、手洗いはせっけんを使う方がいい。せっけんがなくても、あるつもりで手の隅々までこすり合わせて丁寧に洗うと、せっけんを使った時に近い状態まできれいになる。

発症した場合、どうしたらいいのか。慌てて医療機関を訪れ、迅速診断と薬を求めがちだが、ナビタスクリニック新宿の久住英二医師（内科）は「迅速診断キットの精度は6割程度。陰性と診断されてもインフルエンザである可能性はある。症状がある場合はインフルエンザと思って、自宅で静養することが大切」と助言する。

●ワクチン接種

インフルエンザ患者は、例年子どもが約半数を占めるが、入院者は高齢者が多い。かぜよりも合併症が発生しやすく、高齢者は肺炎を起こして死亡するケースも多い。幼児は、急性脳症を起こすことがあるため、意識がはっきりしない、意味不明のことを言うなどがあれば危険サインなので、早急に医療機関へ行く必要がある。岡部所長は「感染者数が少ない高齢者の中には、自分はインフルエンザにかからないと思っている人が少なくない。確かにかかりにくいが、一度かかると急速に悪くなるので、ワクチンを受けて予防してほしい」と話す。

ワクチンは製造に約6カ月かかり、例年10月から接種を始める医院が多い。接種から免疫ができるまでは2〜4週間かかるため、岡部所長は「かかりつけ医に在庫があれば、早めに接種を受けて冬の流行に備えて」と呼びかける。

●避難生活の心構え

一方、台風19号の被害にあった被災者はどんな対策を取ればいいか。避難所での生活は、集団生活で疲労もたまりやすく、手洗いが十分できないなど衛生状態が悪くなりがちだ。久住医師は「（避難所は）インフルエンザが流行するための条件がそろっている。一番大切なのは手洗いとアルコール消毒。さらに、ほこりを吸わないようマスクはした方がいい。気道の保温や保湿にもなる」と話す。

泥やがれきの撤去の際にけがをすると、傷口から泥の中にいる菌が入り込んで破傷風にかかる危険がある。破傷風は、口が開きにくいなどの症状に始まり、歩行などに障害が出て、死に至るケースも多い。久住医師は「泥やがれきの撤去をする際、手袋や底の厚い靴を身につけ、けがをしないよう注意して」と呼びかける。【大沢瑞季】

インフルエンザ
感染すると、ぞくぞくした感じに続き、38〜40度の高熱、痛みやだるさが4〜5日続く。熱が出るまでの潜伏期間は1〜3日。熱が下がっても1〜2日は少量のウイルスを出す可能性がある。

主な感染予防対策

手洗い
流水で手洗いできない場合はアルコールで消毒する
マスク
つばやせきによるしぶきが飛び出るのを防ぐ
換気
窓やドアを開けて、こまめに空気を入れ替える
ワクチン
インフルエンザなどの予防接種をする

※日本環境感染学会などより

資料 2
西日本新聞2019年9月19日付朝刊

久留米大看護学科の講座に参加した

■きょうのテーマ
「感染症」どう防ぐ？

重要なのはマスクと手洗い

皆《みな》さんは「感染症《かんせんしょう》」という言葉を知っていますか？　病原菌《びょうげんきん》と呼《よ》ばれる小さな生物が体に入ってかかってしまう病気のことです。久留米大学医学部看護学科《くるめだいがくいがくぶかんごがっか》（福岡《ふくおか》県久留米市）で8月、中高生向けの講座《こうざ》「感染症の脅威《きょうい》から身を守ろう〜新型インフルエンザから生物テロまで」が開かれました。こども特派員《とくはいん》が参加し、実験や体験を通じて、自分と社会の健康を守る大切さを考えました。

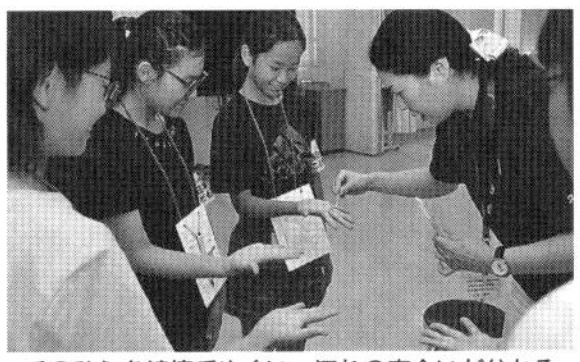

手のひらを綿棒でぬぐい、汚れの度合いが分かるＡＴＰを測定した

汚れの測定や防護服も体験

講座では、毎年流行するインフルエンザなどを例に、病原体がせきやくしゃみで飛んだしぶきなどの感染経路を経て、体内で増《ふ》えていく―という感染症の仕組みが紹介された。同科の三橋睦子《みはしむつこ》教授は感染症の予《よ》防《ぼう》にはマスクを着けることが有効《ゆうこう》だと教えてくれた。

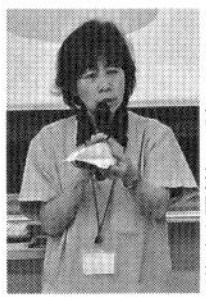

マスクの大切さや性能について話す三橋睦子教授

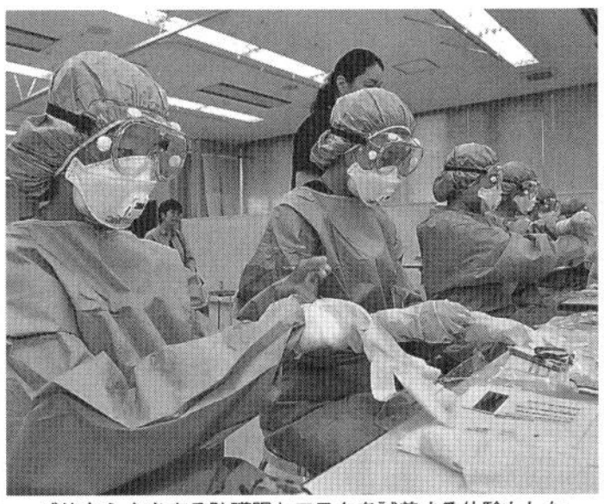

感染から身を守る防護服とマスクを試着する体験もした

どんなマスクを選んだらいいのか？　一般的《いっぱんてき》なガーゼマスクと医療用《いりょうよう》のサージカルマスク、N95マスクの3種を水の入ったコップにそれぞれかぶせ、ひっくり返す実験をした。ガーゼマスクからは水がこぼれたが、サージカルマスクとN95マスクからは一滴《いってき》もこぼれなかった。感染を防ぐには市販の医療用マスクを使用すべきだと分かった。

■「汚れ」にショック

感染予防には手洗《てあら》いも大切だ。手洗いでどれくらい清潔《せいけつ》になるかを知る実験もあった。手のひらを綿棒でぬぐい、微生物《びせいぶつ》の「えさ」となるATP（アデノシン三《さん》リン酸《さん》）の数を調べてみた。数値《すうち》が高いほど手が汚《よご》れていることになる。

4万を超《こ》えたこども特派員もいた。ショックを受けたが、正しい手の洗い方を学び、実行すると数値は300台にまで落ちたのでほっとした。看護師《かんごし》で同大学病院感染制御《せいぎょ》部の三浦美穂《みうらみほ》副部長は「手洗いにはお湯が最適《さいてき》だが、菌《きん》と一緒に手の保湿《ほしつ》成分も流してしまうので乾燥《かんそう》に注意して」とアドバイスした。

洗い残しをチェックする実験では、紫外線《しがいせん》で光るクリームを手に塗《ぬ》って手洗い。紫外線を当てると爪《つめ》の周りが光っていた。そこがうまく洗えていない所だそうだ。いろんな場所のATPを測定《そくてい》する実験もあり、学内にあるトイレの便器より、スマートフォンの方が数値が高かった。私たちは「スマートフォンは小まめに拭《ふ》こう」と思った。

■危険と隣り合わせ

細菌を無差別にばらまく生物テロを想定した「除染《じょせん》作業」の様子も見学した。分厚《ぶあつ》い防護服《ぼうごふく》を着て患者《かんじゃ》の体を洗うのはとても大変そうだった。防護服を着る体験もした。外側の汚れに触《ふ》れないように脱《ぬ》ぐのが難《むずか》しかった。

最初の実験で使ったN95マスクは、特に厳《きび》しい基準《きじゅん》で作られていて、常に感染の危険にさらされている医療関係者にとって、無くてはならない存在だそうだ。講義を通じて、危険《きけん》と隣《とな》り合《あ》わせの医療や除染の現場《げんば》に立つ人たちの大変さも実感した。

◇「こども特派員」とは、こども記者経験者のことで、今回参加した4人は今年7月までこども記者をつとめた第9期生です。

【正しい手の洗い方】

①水で手を洗《あら》い流《なが》し、石けんを手に取る
②手のひらを合わせて洗う
③手のひらに、もう片方《かたほう》の手の爪を立て、爪の中までよく洗う
④手の甲にもう片方の手のひらを合わせて、手の甲と指の間を洗う
⑤親指をもう片方の手で握《にぎ》り、キュッキュッと回すように洗う
⑥手首を握り、回すように洗う
⑦水でしっかり泡《あわ》を洗い流す
⑧ポンポンと優《やさ》しく押《お》さえるように清潔なタオルなどで手を拭く
◎注意したいのは、洗い終わった手で蛇口《じゃぐち》に触れないようにすること。タオルなどを使って掴《つか》んでひねるといいそうだ。

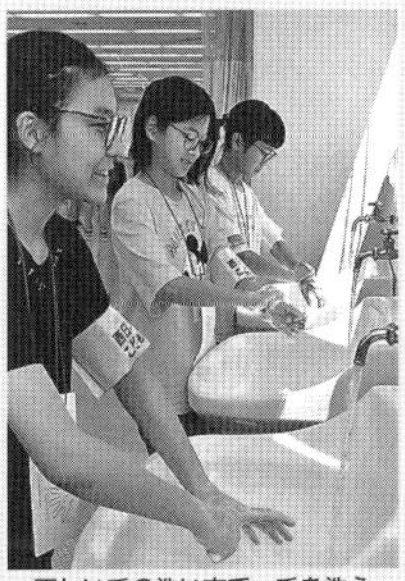

正しい手の洗い方で、手を洗うこども特派員たち

サージカルマスクをかぶせたコップの水は、ひっくり返してもこぼれなかった

取材

長崎県佐世保市・山澄中2年
岩本《いわもと》　彩乃《あやの》特派員

感想 除染活動をする姿《すがた》がとても輝《かがや》いていた。いつ誰《だれ》がかかるか分からない感染症の恐ろしさを知った。

福岡市・原中央中1年
金森詩絵菜《かなもりしえな》特派員

感想 身近なウイルス、菌について学び、正しい予防法《よぼうほう》が分かった。今までの生活を見直すことができた。

福岡県福津市・津屋崎中1年
中山《なかやま》　千聡《ちさと》特派員

感想 N95マスクは着用するのも一苦労だった。手洗いの仕方もたくさんの人に伝えて感染症を防ぎたい。

福岡市・上智福岡中2年
伴《ばん》　瑠依子《るいこ》特派員

感想 正しく手を洗うだけで感染症の予防になるので、記事をきっかけに感染症に関心を持つ人が増えてほしい。

「なるほど」と思った箇所に線を引かせながら読ませるとよい。

本事例のNIE
新聞活用・新聞機能・新聞制作

事例のアクティブラーニングの重点
主体的・対話的で深い学び

中学年

自分の好きな記事を友達に伝えよう

1 小単元名　好きなものを伝えよう（4時間扱い）

2 本時の目標　英語を用いて主体的にコミュニケーションを図る楽しさや大切さを知り、自分の気持ちを伝える力の素地を養う。相手に伝わるよう工夫して、「NIEタイム」で選んだお気に入りの記事を紹介する。

3 NIEとしての狙い　自分の好きな記事について相手に伝えたり、相手のお気に入りの記事を聞いたりしながら、意見や感想の交流をする。

4 本時の展開（4時間）

時	主な発問	学習活動／○児童の反応	留意点／○資料等
1	Let's introduce your rainbow. Tell me your favorite color.	▶「Rainbow Song」を聞きながら、色鉛筆から聞きとった色を出し、虹の色をぬる。	○12色の色鉛筆 ○虹が書かれたプリント
2	Let's think about ALT's favorites.	▶ALTは写真や絵を提示しながら話し、好みを表す表現に親しむ。	•英語の音声やリズムなど日本語との違いに気付かせる。
3	Let's guess your favorites and practice, I like～.	▶身近な好きな物について伝える。	•好みを尋ねたり、答えたりする表現に挑戦する。
NIEタイム	Let's choose your favorite article.	▶自分のお気に入りの記事を選び、理由を考える。 ○ラグビーのワールドカップ日本大会をテレビで見た。面白かったから記事を探そう ○家族でこの料理を作りたい。おいしそう ○算数が好きだからこの本を読んで、紹介したい	•活動後、ワークシートを集め、ALTに相談しながら、児童の選んだ記事の単語を教師が英語で記入する。 ○新聞、ワークシート
4（本時）	Let's talk about your favorite articles.	▶「I like ～.」を使って、自分の選んだお気に入りの記事を紹介し合う。話を聞いたら、「いいね」の意味の英単語を返して、コミュニケーションを図る。「あなたは何が好きですか」といったやりとりにも挑戦させたい。 ○I like rugby. ○Nice / Wow / Me, too ○Do you like rugby？　Yes, I do.	•初めに教師が例示をする。 •より詳しい紹介をしたい児童には、日本語でもよいので、自由に質問できるようにする。 •記事を見せながら話すなど、相手に伝わるように工夫させる。

5 本時の板書計画

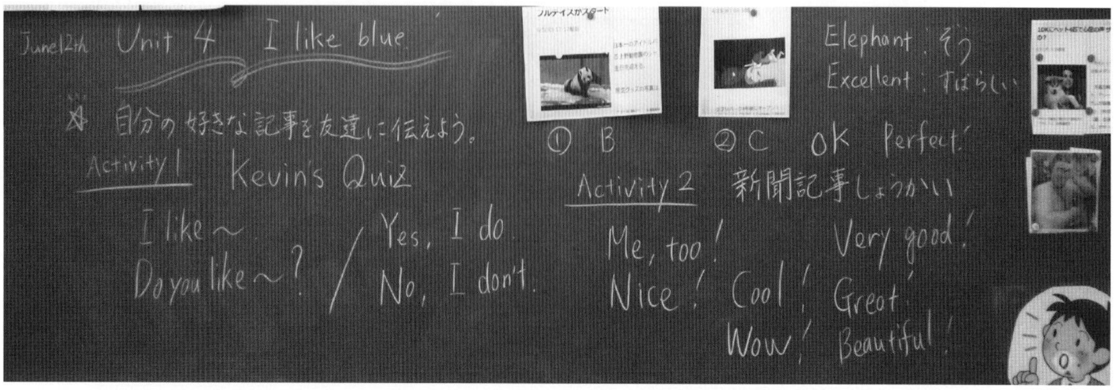

❻ 資料、ワークシート等

I like ～
Do you like ～？

Grade 3　　Name（　　　　　　　　　　）

えほん（絵本）
＝ Picture book
（ピクチャーブック）

低《てい》　**数《かぞ》え方《かた》のえほん**

（高野紀子《たかののりこ》・作《さく》／あすなろ書房《しょぼう》／1540円《えん》）

ロールケーキは丸《まる》ごと全部《ぜんぶ》だと１本《ほん》２本《ほん》と数《かぞ》えますが、切《き》り分《わ》けると１切《き》れ２切《き》れと数《かぞ》えます。これは形《かたち》が変《か》わると数《かぞ》え方《かた》が変《か》わるからなのです。では、ウシは１頭《とう》だけれど、ヒツジは１匹《ぴき》と数《かぞ》えますね。どうしてでしょうか。

この絵本《えほん》は、「食《た》べ物《もの》・魚《さかな》・動物《どうぶつ》」などの数《かぞ》え方《かた》や、「丘《おか》の上《うえ》から」「おばあちゃんの家《いえ》で」と、さまざまな場面《ばめん》での数《かぞ》え方《かた》を、クマやウサギたちと考《かんが》える絵本《えほん》です。いつもの生活《せいかつ》の中《なか》でのものの数《かぞ》え方《かた》も、よく考《かんが》えてみると不思議《ふしぎ》なことがたくさんあります。大人《おとな》も知《し》らないことがたくさんのっていますから、おうちの人《ひと》と読《よ》むとさらに楽《たの》しいですよ。

元小学校司書教諭《もとしょうがっこうししょきょうゆ》
石橋幸子《いしばしさちこ》

毎日小学生新聞2019年11月２日付

できちゃうクッキング

10月の食材《しょくざい》

カボチャ

グラタンにサラダ、プリン……。今年《ことし》のハロウィーンパーティーはカボチャづくしでいってみよう!!

メイン　**丸《まる》ごとカボチャのクリームグラタン**

（5～6人分《にんぶん》）

カボチャ（中《ちゅう》）１個、合《あ》いびき肉《にく》300ｇ、タマネギ１個、ペンネ120ｇ、牛乳《ぎゅうにゅう》１ℓ、米粉《こめこ》50ｇ、バター50ｇ、塩《しお》小さじ½、コショウ少々《しょうしょう》、コンソメスープ（顆粒《かりゅう》）大《おお》さじ２、油大《あぶらおお》さじ１、シュレッドチーズ50ｇ、ナツメグ少々（お好《この》みで）

① レンジ15分

カボチャはラップにくるみ、電子レンジで15分くらい加熱。果肉はスプーンで取り出し、すりこぎなどでつぶそう。タマネギはみじん切りに。ペンネはゆでてやわらかくしておくよ。

② 具を炒める

油を熱したフライパンでまずタマネギを透明になるまで炒めよう。ひき肉も加えて色が変わるまで炒めたら、バットなどに取り出しておこう。

③ ソース作り

フライパンにバターをとかし、ふるった米粉を全体にふりかけて混ぜ、マッシュポテトみたいになったら、常温の牛乳を少しずつ追加（動画をチェック！）。ダマがなくなるまでなめらかになったら、コンソメスープ、ナツメグ、塩・コショウを。ホワイトソースを大きめのボウルにうつし、②とカボチャ、ペンネを加えて混ぜよう。

④ 220℃で15分

カボチャの器に③をつめよう。上にシュレッドチーズを散らし、220℃のオーブンで15分間加熱。チーズが溶けて表面がこんがりした色になれば完成！

〈フル活用〉　サラダ＆プリン

カボチャサラダ（３～４人分）材料：カボチャ¼個、マヨネーズ½カップ、ナツメグ少々、塩小さじ½、コショウ少々

❶カボチャは電子レンジで加熱して果肉をマッシュ。
❷❶をボウルに入れてマヨネーズ、ナツメグ、塩、コショウを加えて混ぜる。
❸お好みでスライスして焼いたカボチャやダイコンのおばけを飾ろう。

カボチャの簡単プリン（４個分）材料：カボチャ¼個、砂糖50ｇ（甘さにより調整）、生クリーム200cc、牛乳130cc、卵２個　＜キャラメル＞砂糖100ｇ、水大さじ１、熱湯大さじ２～３

❶キャラメルはフライパンに砂糖と水を入れて、中火で加熱。色が付いてきたらフライパンを揺すって、均一の色味にする。好みの色になったら火を止めて、熱湯を加える。
❷ラップしたカボチャを電子レンジで加熱。果肉をスプーンでくりぬきボウルに入れる。
❸❷に砂糖、生クリーム、牛乳、卵を入れて、よく混ぜる。（全部フードプロセッサーに入れて30秒かくはんでもＯＫ）
❹プリンカップにキャラメルを入れたら、容器の８分目くらいまで❸を入れる。オーブンの天板にお湯を入れて、プリンカップを並べ、160℃のオーブンで35分湯せん焼きする。

余ったソース　焼いても◎

植野先生のワンポイント

カボチャは切って売られている場合が多いので、作るときは先にスーパーに「１個丸々買いたいです」と予約するといいですよ。

メインのグラタンは、カボチャに入りきらないくらいソースができるかと思います。大人数でパーティーをする場合は、残った分をココットに入れて別で焼くと◎。少なくていい場合は、材料を全部半分ずつにして作って、残った半分でサラダとプリンも作ればカボチャをまるごと無駄なく使えます。

※いつもは第１週掲載ですが、11月と12月は最終週に掲載します。

監修：植野美枝子　モデル：[redacted]、[redacted]

スマートフォンで左のＱＲコードを読み取って、作り方を動画で確認しよう！　動画サイト「YouTube」で見る人は、「読売ＫＯＤＯＭＯ新聞　できちゃうクッキング」で検索してね。

読売KODOMO新聞
2019年10月３日付

カボチャ
＝ Pumpkin
（パンプキン）

試合終了間際、チーム４個目となる松島幸太朗のトライを喜び合う日本フィフティーン　＝５日、豊田スタジアム（蔵賢斗撮影）

RUGBY WORLD CUP™ JAPAN日本2019

日本３連勝
サモア破り８強へ前進

ラグビーのワールドカップ（Ｗ杯）日本大会で、史上初の８強入りを目指す世界ランキング８位の日本は５日、愛知県豊田市の豊田スタジアムで行われた１次リーグＡ組の第３戦でサモア（世界ランキング15位）を38―19で破り、３連勝とした。４トライ以上で得られるボーナスポイントも獲得した。

日本は田村優（キヤノン）のキックなどで得点を重ねて前半を16―９で折り返し、後半は姫野和樹（トヨタ自動車）らのトライで加点。終了間際にＷＴＢ松島幸太朗（サントリー）がチーム４トライ目を挙げた。日本は前回の２０１５年大会に並ぶ１大会最多の３勝目。勝ち点はＡ組トップの14となった。８強進出争いは日本、アイルランド、スコットランドに絞られたが、日本は13日に行われるスコットランド（同９位）戦に勝つか引き分ければ、他の試合の結果にかかわらず、ベスト８進出が決まる。負けてもトライ数や点差によって可能性がある。

アジア初となるＷ杯で、大会の盛り上がりや成功には開催国の奮闘が不可欠とみられてきたが、日本は優勝候補のアイルランドを破るなど大躍進。開催国の責務を果たしている。また、日本は同組３位以内が確定し次回２０２３年フランス大会の出場権を獲得した。

１次リーグは20チームが４組に分かれ、各組上位２チームが準々決勝に進む。（世界ランキングは４日付）＝16面に「しぶとく４Ｔ」、23面に「スタンド総立ち」

16面に８強入りの条件

Ａ組	日本	アイルランド	スコットランド	サモア	ロシア	勝ち点
日本		19○12	13日	38○19	30○10	14
アイルランド	12●19		27○3	12日	35○0	11
スコットランド	13日	3●27		34○0	9日	5
サモア	19●38	12日	0●34		34○9	5
ロシア	10●30	0●35	9日	9●34		0

※５日終了時点

「誇りに思う」

ジョセフ・ヘッドコーチの話「本当に誇りに思っている。フィジカルの強い相手に最後まで強く戦えた。一番フォーカスしたのは勝つことだが、ボーナス点も取れてよかった」

産経新聞
2019年10月６日付朝刊

ラグビー
＝ Rugby（ラグビー）
＝ Rugby football
（ラグビーフットボール）

※事前に教師が英単語と読み方などを書き入れておく。

特別活動

本事例のNIE
新聞活用・新聞機能・新聞制作

事例のアクティブラーニングの重点
主体的・対話的で深い学び

高学年　保健委員会で健康新聞カルタを作ろう

1 小単元名　委員会活動で学校生活を楽しく豊かにする（2時間扱い）

2 本時の目標　健康に関する記事を取り札にして、児童が創意工夫して作った「5・7・5」の読み札をもとにカルタ大会を行い、楽しみながら健康意識を高める。

3 NIEとしての狙い　病気の予防や生活習慣などに関する記事を読み、健康に関する最新のニュースや課題を知り、健康の大切さに気付く。

4 本時の展開（2時間）

時	主な発問	学習活動／○児童の反応	留意点／○資料等
1（本時）	•健康に関する記事でカルタの取り札を作りましょう	▶健康に関する記事を探し、最新情報や課題を知る。 ▶健康新聞カルタにしたい記事を選び台紙に貼り、取り札を作成する。 ○カルタ作りは、楽しい ○新聞には、健康に関する記事がたくさんある	•仲間に伝えたい内容の記事を選ぶ。 •台紙には記事の日付と新聞名を明記する。 •同じ記事を選ばないように調整する。 ○健康に関する新聞記事　○台紙
	•「5・7・5」のリズムで記事の内容を伝える読み札を作りましょう	▶選んだ記事を要約し、読み札を作成する。 ○面白い読み札を考えたい ○見出しを使うと、分かりやすい読み札ができる ▶出来上がったカルタを黒板に貼る。 ○健康新聞カルタ大会で、自分の作ったカルタを取りたい	•読み札を聞いたときに、記事の内容が分かるよう考えさせる。 •読み札を考えることが難しい児童には、見出しを活用するようヒントを与える。 •読み札にはふりがなをふらせる。
2	•作ったカルタを発表して感想を話し合おう	▶一人ずつカルタを発表し、どんなカルタがあるか知らせる。 ○「鼻をほじるな、悪化する」というセリフが分かりやすいし、面白い。忘れられない ○このカルタの記事、ニュースで見た。覚えている	•それぞれのカルタの良いところに注目させたい。 ○カルタと取り札
	•健康新聞カルタ大会を開いて感想を発表し合いましょう	▶カルタ大会を保健委員会が担当して行う。 ○健康のニュースをたくさん知ることができた ○楽しかった。たくさんの人に見てもらいたい ○健康新聞カルタで健康のことを伝えたい	•作成したカルタは保健室前に掲示する。

5 本時の板書計画

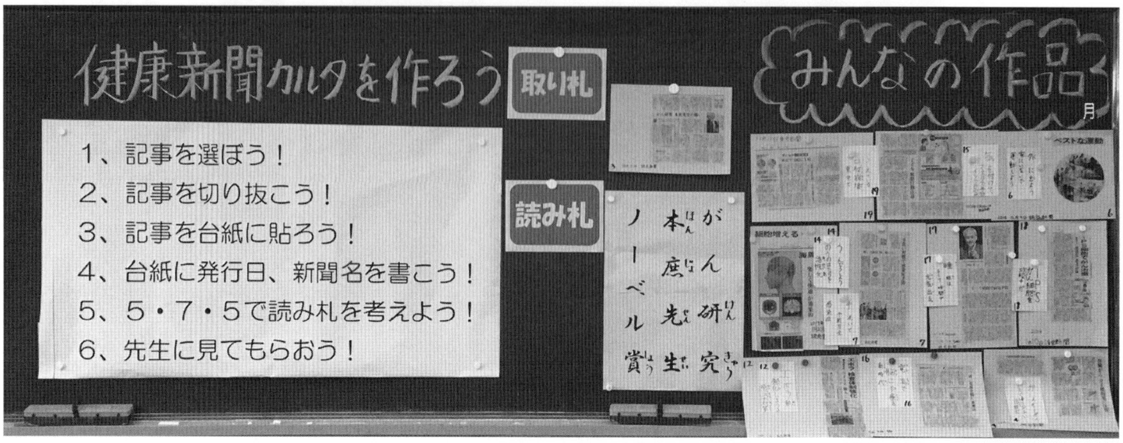

6 児童作品例

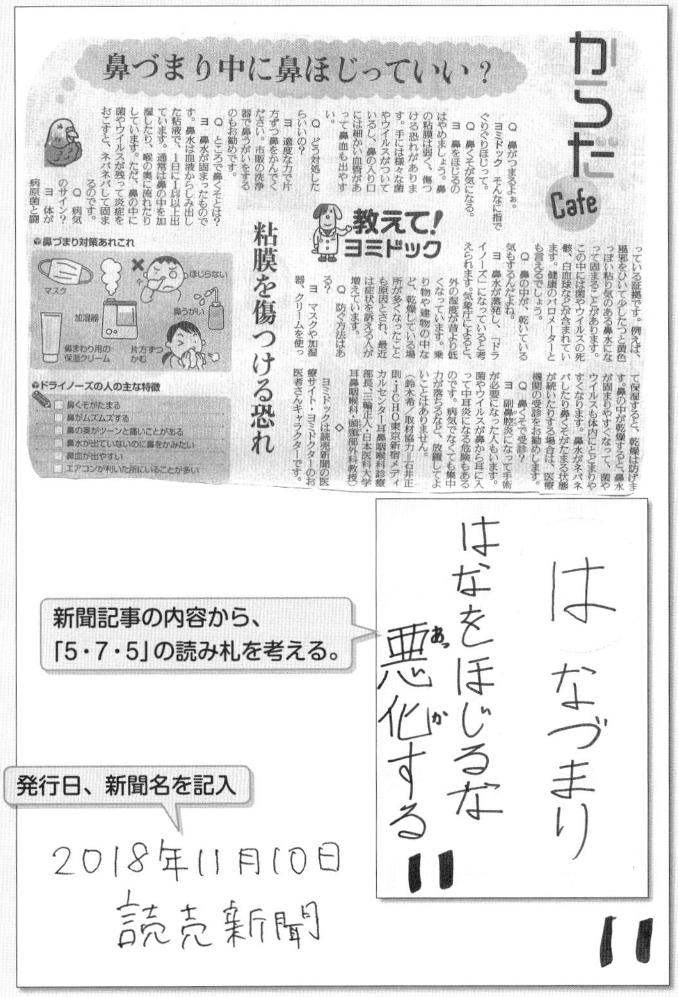

読売新聞2018年11月10日付夕刊

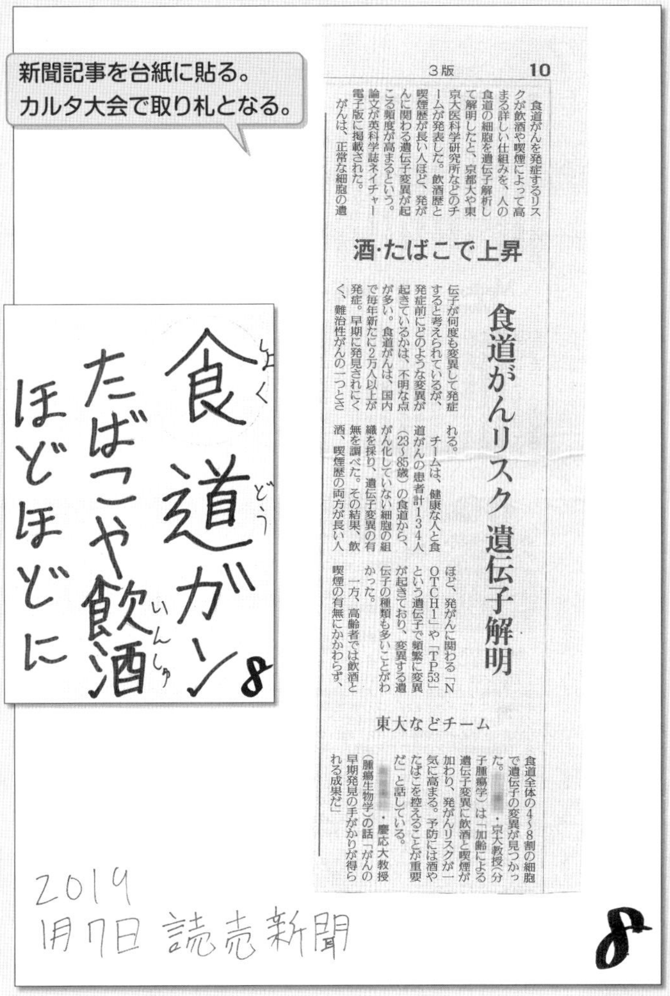

読売新聞2019年1月7日付夕刊

健康新聞カルタの活用

- 健康新聞カルタを保健室前に掲示する。
- 保健委員会以外の児童が見て、健康の大切さや健康に関するニュースについて理解を深めることを目的としている。

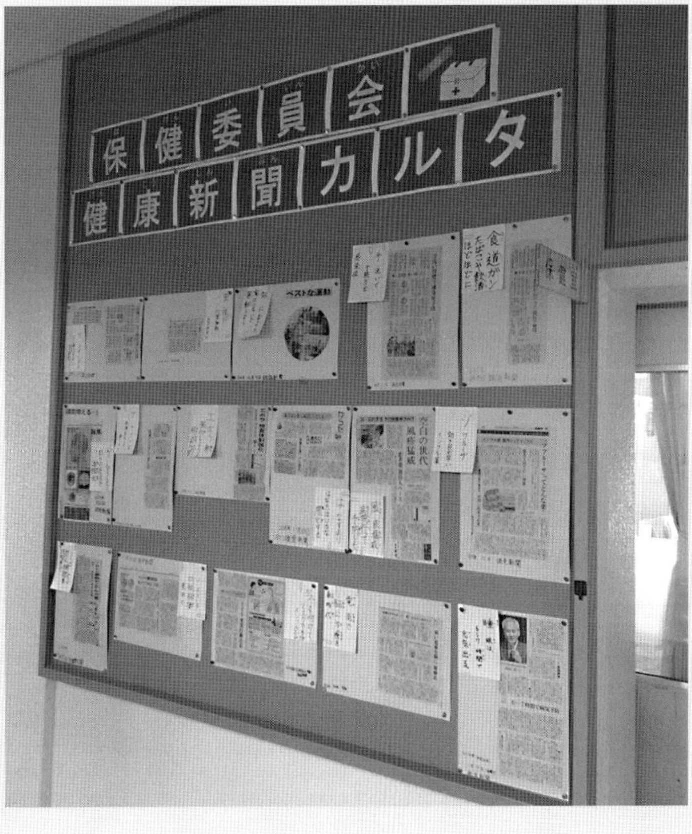

上の作品以外の読み札の例

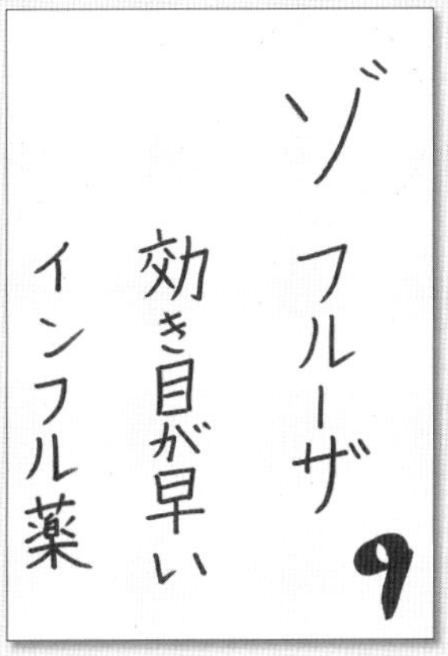

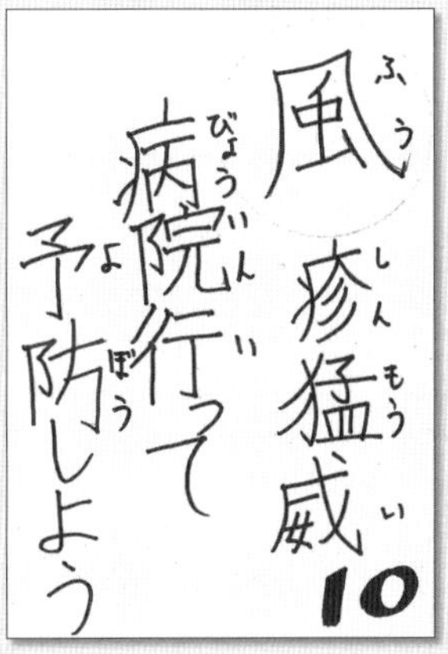

高学年

台風などの風水害から命を守ろう

❶ 小単元名　**災害から命を守る**（8時間扱い）

❷ 本時の目標　伊勢湾台風（1959年9月）や台風19号（2019年10月）に関連する新聞記事から情報を得て、風水害から自らの大切な命を守るために、どうすべきかを考え、行動することができる。

❸ NIEとしての狙い　新聞をはじめ多くのメディアから、災害に関する正確で必要な情報を取捨選択し、自分たちの命を守るためにどのような行動をとるべきかを判断する。

❹ 本時の展開（6/8時間）

主な発問	学習活動／○児童の反応	留意点／○資料等
• 台風19号に関係する記事や写真を見て、気付いたことは何ですか	○「最大級警戒」と言われていたんだね ○市内でも、ボートで救助されたんだ ○判明する死者数が増えてるよ	• 気象庁が事前に最大級の警戒を呼びかけていたにもかかわらず、多数の犠牲者・被害が生じたことに気付かせる（資料1～3）。
• 60年前の伊勢湾台風による被害について、調べましょう	▶被害や体験談を掲載した記事や写真をもとに調べる。 ○「10メートル以上の高潮が堤防を乗り越え、人家をのみこんだ」ってある。こわいな ○当時は、台風情報があまりなかったんだね	• 当時の被害状況をしっかり捉えさせる（資料4 5）。
• 私たちが住む場所では、どのような風水害が想定されるか確かめましょう	▶地域の災害想定について確認する。 ○ハザードマップで浸水想定が分かるね ○高潮の可能性もあるよ ○水害はまぬがれても、暴風の被害があるかもしれない	• 地元自治体が発行している「ハザードマップ」や「防災ノート（読本）」などを活用する。 • 気象状況が変化していることから「これまで大丈夫だった」という固定観念を捨てて考えさせる。
• 台風などの風水害から命を守るためには、どのような行動を取ったらよいと思いますか	▶多数の死者が出た伊勢湾台風でも死者が出なかった町を報じた記事を提示し、必要な行動について考える。 ○早めに台風情報を確かめ、安全なうちに避難することが大事だ ○防災グッズの準備も必要 ○避難方法を、家族で再度話し合おう	• 伊勢湾台風の際も今回の台風19号でも、正確な情報の早めの収集や安全なうちの避難行動が、命を守るために大切であることを全員で確かめる（資料6）。

❺ 本時の板書計画

台風19号到来

資料1　資料2　資料3

• 最大級の警戒
• ボートで救助された人も
• 堤防決壊で町が水没
• たくさんの死者

台風などの風水害から命を守ろう

伊勢湾台風の様子
• 高潮や暴風雨で大きな被害
• 台風情報があまりなかった

私たちの町の被害想定は
• ハザードマップで浸水想定
• 高潮の可能性も
• 強風が襲ってくる場所かも

命を守るには。
↓
• 早めの情報→準備や避難
• 過信しない　• 助け合い

• 早めの避難が必要
• 台風情報　• 防災グッズの準備
• 命を守るため、助け合いが大切

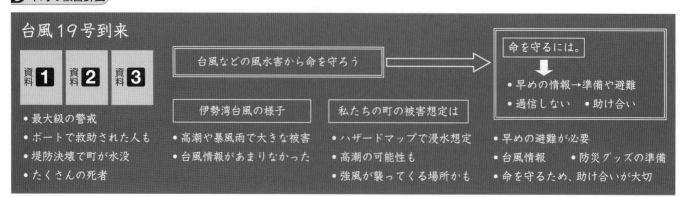

❻ 資料　2019年の台風19号関連の記事

（すべて中日新聞）

資料❶ 2019年10月12日付朝刊

台風19号 最大級警戒

夕方から夜に東海上陸か

大型で非常に強い台風19号は東海沖を北上し、十二日の夕方から夜にかけて東海か関東に上陸する見通しだ。東日本の暴風や大雨は記録的なレベルに達すると予測される。気象庁は十一日に臨時記者会見し、降水量は千二百人を超える犠牲者を出した狩野《かの》川台風（一九五八年）に匹敵する恐れがあり、大雨・洪水警戒レベルで最高のレベル5に当たる特別警報を出す可能性があるとして最大級の警戒を呼び掛けた。＝関連㉜㉝面

台風19号が大型で非常に強いまま本州に上陸すれば、上陸時の最大風速に関する統計がある九一年以降で初めて。土砂災害や浸水のほか、うねりを伴った高波や高潮、河川の増水や氾濫、冠水、大規模停電が発生する恐れがある。

十二日は山陽新幹線は十二日午前中で新大阪―岡山間の運転を打ち切る。首都圏のJR在来線は十三日にかけて計画運休が実施される見通し。十二日の空の便は羽田、成田両空港の発着便が全日空が全便、日航は早朝便を除く大半の欠航が決まっている。成田空港では十二日、到着客の足止めを避けるため、着陸の受け入れを停止する方向で成田国際空港会社と国土交通省が調整に入った。

十二日にかけて予想される最大風速（最大瞬間風速）は東海四五㍍（六〇㍍）、関東甲信四〇㍍（六〇㍍）、東北、近畿三〇㍍（四五㍍）、北陸、中国、四国二五㍍（三五㍍）、九州北部二三㍍（三五㍍）、北海道、小笠原諸島、九州南部二〇㍍（三〇㍍）。波の高さは東海、関東、伊豆諸島一三㍍、東北、近畿一〇㍍、小笠原諸島、四国九㍍、北陸、中国、九州、奄美、沖縄六㍍、北海道四㍍。

台風19号の影響で、12日の東海道新幹線の東京―名古屋間の終日運休を知らせる案内板＝11日午後5時、JR名古屋駅で（田中久雄撮影）

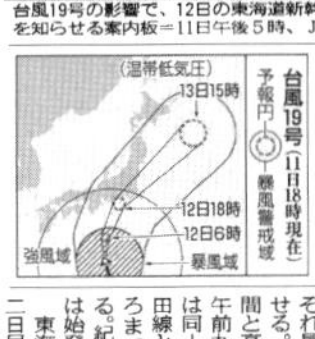

最大予想雨量 三重県で400㍉

台風19号は十二日、東海地方に最接近し、朝から激しい風雨に見舞われる見込み。雨は同日午後に激しくなり、一時間で最大一〇〇㍉の雨量が予想される。台風を取り巻く雨雲が大きく発達しており、雷を伴う猛烈な雨が長時間続く可能性もある。

名古屋地方気象台によると、十二日午後六時までの二十四時間の最大予想雨量は、愛知県で二五〇㍉、三重県で四〇〇㍉、岐阜県で一八〇㍉、静岡県で八〇〇㍉に達する。予想される最大風速（最大瞬間風速）は、愛知、三重、岐阜県で二〇㍍（三五㍍）、静岡県は三〇㍍（四五㍍）。

土砂災害の危険性が高まるほか、台風接近が大潮の期間と重なるため、静岡県などで高潮の発生が懸念される。

JR東海など大規模計画運休

JR東海は十一日、台風19号の接近に伴い、東海道新幹線のほか在来線でも十二日に大規模な計画運休を実施すると発表した。名鉄も計画運休を実施し、午前十一時ごろまでに全線で運行をやめる予定。

JR東海は東海道線豊橋―米原間で午前七時ごろから、中央線名古屋―塩尻間は上りが午前八時ごろ、下りは同十時ごろから、それぞれ最終まで運行を見合わせる。関西線名古屋―亀山間と高山線岐阜―猪谷間が午前九時ごろから、太多線は同十時ごろから休止。飯田線と武豊線は午前八時ごろまでに運行を取りやめる。紀勢線、参宮線、名松線は始発から終日運休する。

東海道新幹線は当初、十二日昼前まで運行する予定だったが、午前六～七時台に名古屋を発着する上下六本を運行した後に計画運休する。時間帯を早めたことについて、同社は「十二日朝から暴風域に入る予報となったことを踏まえた」と説明。運行する上下六本は名古屋―新大阪間の全駅に停車し、一部の列車はグリーン車を除いてすべて自由席にする。

JR西日本は名古屋、米原と北陸方面を結ぶ特急「しらさぎ」の上下三十二本などについて午前中から運転を見合わせる。

名古屋鉄道は午前八時ごろから快速特急や特急などの運行本数を減らす。近畿日本鉄道のほか、一部で地上を走る区間がある名古屋市営地下鉄は計画運休を予定していないが、いずれも雨や風が強まった場合、運休や遅れが生じる可能性があるとしている。

中部国際空港では国際線と国内線の発着便計百九十八便の欠航が決まっている。

台風19号接近に伴う鉄道の12日の計画運休

	路線（区間）	計画運休内容
東海道新幹線	（東京―名古屋）	始発から運休
	（名古屋―新大阪）	早朝に上下6本のみ運行
JR在来線	東海道線（豊橋―米原）	午前7時ごろから運休
	中央線（名古屋―塩尻）	上り線は午前8時ごろ、下り線は同10時ごろから運休
	関西線（名古屋―亀山）	午前9時ごろから運休
	高山線（岐阜―猪谷）	午前9時ごろから運休
	武豊線	午前8時ごろから運休
	飯田線	豊橋―中部天竜は午前7時ごろ、中部天竜―辰野は同8時ごろから運休
	太多線	午前10時ごろから運休
	紀勢線（亀山―新宮）	始発から運休
	参宮線、名松線	始発から運休
名鉄		午前11時ごろまでに運休
近鉄		なし（運休や遅れの可能性あり）
名古屋市営地下鉄		なし（運休や遅れの可能性あり）

台風で特別輸送態勢
台風接近により紙面製作や輸送で特別態勢をとりました。一部地域で配達に遅れが生じることがあります。ご了承ください。

資料❷ 2019年10月13日付朝刊

浸水1.5メートル「怖かった」

台風19号 伊勢など大雨

大型の台風19号は東海地方を暴風域に巻き込みながら、十二日夜に伊豆半島に上陸。15号に続いて首都圏を直撃し、各地で猛威を振るった。東海地方でも三重県を中心に大雨を降らせ、避難所では住民が不安げに身を寄せ合った。

浸水した民家から救助された住民（中央）＝12日午後0時35分、三重県伊勢市で

「緊急放送、緊急放送。ただちに避難を完了してください」

激しい雨が降った三重県伊勢市では、複数の地区に避難指示が出され、防災無線が鳴り響いた。

楠部町の五十鈴川流域では住宅約二十軒に浸水。辺りは茶色くにごった水があふれ、浸水深は一時、約一・五㍍となった。民家付近に止めてあった車も屋根付近まで水没。屋外に置いてあったプロパンガスのボンベや洗濯機は傾き、水上バイクが浮かんでいた。

浸水被害のあったほとんどの世帯は自宅二階に避難して水が引くのを待ったが、そのうち一世帯の四人が正午すぎ、市消防本部にボートで救助された。

冠水していない道路までボートで運び出された女性(七七)は「怖かったです」とだけ話し、消防隊員に支えられながら同本部の車に乗り込み避難所へ向かった。

住居が床上浸水の被害に遭ったアルバイト林雅己さん(七〇)によると、正午前ごろに家の中へ水が入り始め、膝上まで達した。「二年前にも台風で浸水し、家をリフォームしたばかり。直したと思ったらすぐのことで、つらいのを通り越して笑うしかありませんわ」と話した。

伊勢市では、横輪町内でも三軒に浸水被害が発生。また、午後二時ごろをピークに、避難指示や避難勧告が出た地域を中心に三十七カ所の避難施設や小中学校などへ、六百四十五世帯千百六人が一時避難した。

美和ダム緊急放流 流域注意呼びかけ

長野・伊那

国土交通省中部地方整備局は十二日、台風19号による大雨で長野県伊那市の美和ダムの容量がいっぱいになるため、午後九時から緊急放流を行った。下流にある天竜川と支流の三峰川で水位の上昇が起こる恐れがあるとして、流域の伊那、駒ケ根、飯田市など同県の十市町村に注意を呼びかけた。一部市町村では流域の地区に避難勧告を出した。

中部地整局によると、ダムに設置した雨量計は十二日午後五時までに二七二㍉を計測。放流水量は八百六十六㌧と予測している。天竜川には長野県内の下流に複数のダムがあるため、河口のある浜松市には影響はないという。

KDDIとドコモ 千葉や静岡で障害

KDDI（au）とNTTドコモは十二日、台風19号の影響により、千葉県や静岡県などで携帯電話がつながらないか、つながりにくい状態になったと発表した。停電や通信設備の故障が原因としており、復旧作業を進めている。

KDDIでは同日未明に千葉市や千葉県市原市のほか、東京都伊豆諸島の新島、神津島、八丈島の一部で通話やインターネット通信が利用しにくくなった。ドコモでは同日夕に静岡県の下田市、南伊豆町、川根本町で影響が出た。ソフトバンクの回線では大きな通信障害は確認されていない。

またNTT東日本は伊豆諸島の新島、式根島、神津島で光回線のインターネット通信約千四百回線で通信障害が発生したと明らかにした。光回線を利用した電話サービス「ひかり電話」にも影響が出ている。

3連休初日 名古屋閑散

移動の足も 人も消え

台風19号の接近で名古屋でも初めて本格的に鉄道各社が計画運休に踏みきった。十二日は三連休初日にもかかわらず、名古屋中心部でも店の臨時休業が相次ぎ、街からにぎわいが消えた。

名鉄は始発から運転本数を減らし、正午までに全ての運転を取りやめた。名鉄名古屋駅構内の人通りもわずかに。改札前にいた愛知県津島市の郵便配達員、水谷久信さん(四七)は「午前に出勤したが帰る方法が見つからない」と話し、スマートフォンで運行している鉄道やバスを検索していた。

三重県の鈴鹿サーキットで予定されていたF1日本グランプリの予選が順延になり、JR名古屋駅構内には行き先を失って座り込む人も。三十代の米国人男性は「F1を見るため来日したが、することがなくなった。どうやって時間をつぶしたらいいのか」とつぶやいた。

いつもなら買い物客や観光客でにぎわう繁華街も閑散。雨にぬれない栄の地下街も人はまばらで、大半の店がシャッターを下ろし「臨時休業」の紙を張った。大須商店街を通り掛かった同市西区の会社員男性(三四)は「店の休みは仕方ないことだけど、こんなに歩きやすい大須は初めて」と苦笑していた。

資料❸ 2019年10月16日付朝刊

死者 12都県73人に

台風19号 52河川73カ所決壊

避難5000人 全容見通せず

記録的な大雨をもたらした台風19号により、東日本の広い範囲で甚大な被害が出ている。共同通信の十五日の集計で、死者は十二都県の七十三人に上った。行方不明者は十三人とみられる。国土交通省によると、決壊した堤防は、長野県の千曲川など七県の五十二河川七十三カ所に上り、捜索や復旧作業を急いでいる。大規模な浸水被害があった宮城県丸森町では道路陥落により一部集落が孤立、被害の全容はなお見通せない。

復旧作業が進む千曲川堤防の決壊現場（中央上）と浸水した場所が多く残る住宅地＝15日午後2時41分、長野市穂保で、本社ヘリ「おおづる」から（内山田正夫撮影）

内閣府によると、十五日午後二時半時点で十三都県の五千八百人が避難生活を続けている。

台風の影響による都県別の犠牲者数は福島県が最も多く、二十六人が死亡。うち六人が、いわき市で亡くなった。次いで神奈川県十四人、宮城県では十三人が死亡している。

浸水した地域の水深は国土地理院の推計によると、水戸市の那珂川流域で最大約七・二㍍に達した。阿武隈川では福島県国見町川内付近で最大約五・二㍍。

国交省によると土砂災害は十九都県で計百七十件。同省北陸地方整備局によると、千曲川の堤防決壊で長野市穂保地区周辺は約九百五十㌶と大規模に浸水したが、うち約84%は解消された。長野市の北陸新幹線車両基地も含まれている。

総務省消防庁によると、住宅の床上浸水が五千七百八十五棟、床下浸水は四千百七十七棟。電力各社によると、十五日午後九時現在で八県の約一万七千戸が停電。厚生労働省のまとめでは十二都県の十二万八千戸超で断水中という。文部科学省のまとめでは、通学路の寸断や交通機関のまひにより、十二都県の国公私立の小中高校など計二百八十三校が十五日に休校した。

安倍晋三首相は官邸での十四日の会合で「激甚災害に指定する方向で調査を進める」と述べた。河野太郎防衛相は十五日、予備自衛官、即応予備自衛官に招集命令を出したと明らかにした。予備自衛官の招集は東日本大震災以来となる。

台風19号の死者・行方不明者

	死者	行方不明
岩手	2	0
宮城	13	4
福島	26	3
茨城	2	1
栃木	4	0
群馬	4	0
埼玉	2	0
千葉	1	0
東京	1	0
神奈川	14	3
長野	3	1
静岡	1	1
合計	73	13

※15日午後10時現在、共同通信まとめ

長野浸水被害 3700世帯超

台風19号で甚大な被害を受けた長野県では、死者が三人、行方不明者一人、重軽傷者十二人に上っている。県が十五日に発表した。家屋の浸水被害は少なくとも計約三千七百世帯に上るとしているが、千曲川堤防の決壊による被害が大きい長野市は含まれておらず、世帯数はさらに膨らむ見込み。

QRコードに千曲川上空からの動画

県災害対策本部によると、死者三人は千曲川の支流からあふれた水にのまれた同県佐久市の男性(八二)、長野市の千曲川決壊現場近くの自宅で見つかった男性(八二)、付近で倒れていた同市の女性(六九)。

このほか、佐久市の男性(六八)と、長野県内を訪れていた静岡県沼津市の男性(七三)の二人の安否が確認できていない。

被害家屋のうち全壊は四世帯、半壊が一世帯。床上浸水は長野県千曲市などで二千二百三十七世帯、床下浸水が佐久市などで千四百四十三世帯。県は、十四日時点では長野市を含めて計約四千六百世帯としていた。

千曲川を管理する国土交通省北陸地方整備局（新潟市）は十五日、専門家でつくる調査チームを長野市などに派遣し、堤防が決壊した原因などの検証を始めた。

中部電力によると、十五日午後八時現在、長野県内の約九千七百戸で停電が続いている。同社は、千曲川周辺の被災地域を除き、十七日までの復旧を目指すとしている。

台風19号 義援金受け付け

本社と中日新聞社会事業団は、台風19号で大きな被害を受けた地域の被災者を支援するため、11月15日まで義援金を受け付けます。送り先は被災地自治体です。

受付　中日新聞社会事業団事務局＝〒460 8511 名古屋市中区三の丸1の6の1。電話052（221）0580▽同岐阜支部＝〒500 8875 岐阜市柳ケ瀬通1の12、岐阜中日ビル6階。電話058（265）0283▽中日新聞の支社、総・支局、通信局・部
※土日・祝日を除く午前10時から午後5時まで

郵便局からの送金　振替口座00810-6-115445、中日新聞社会事業団。通信欄に「令和元年台風19号義援金」と明記。紙面での匿名扱いの希望の方、領収書の送付が不要な方は、その旨もお書きください。

※物資はお受けできません
送金手数料はご負担願います

中日新聞社会事業団
中日新聞社

台風の上陸前❶、台風の上陸後❷、台風の被害❸の記事を時系列で提示する

電子黒板などに投影し、写真部分を拡大するとより効果的である

伊勢湾台風関連の資料（すべて中日新聞）

資料4　2019年8月21日付朝刊

災害時「広域避難」意識を

伊勢湾台風から60年　来月、大規模訓練やシンポ

県と海抜低い自治体が検討

伊勢湾台風から六十年となる九月、県は大規模な防災訓練と教訓を伝えるシンポジウムを開く。近年の豪雨や大型台風で地域全体が水没するような被害が相次ぐ中、県内では海抜の低い自治体が近隣の市町への「広域避難」を検討している。今回の訓練で計画の実効性を確認するほか、住民に早めの避難の大切さを呼び掛ける。（熊崎未奈）

一九五九年の伊勢湾台風では、県内の死者・行方不明者は千二百七十三人にのぼった。

訓練は「防災の日」の九月一日に木曽岬町やいなべ市で実施する。同町は海抜ゼロメートル地帯が広がり、高潮や洪水が発生した場合、住宅地などが水没し、町内だけでは避難者を収容できない懸念もある。訓練では体の不自由な高齢者や障害者を町役場から内陸のいなべ市役所へ、バスを使って避難させる手順を確かめる。

こうした広域避難は、県と桑名市、いなべ市、木曽岬町、東員町が計画づくりを進めている。訓練は、計画が実行可能か確かめる目的もある。今回は介助が必要な人の避難が対象で、実際の災害時には一般市民は自家用車など自力で避難することになる。

昨年七月の西日本豪雨では避難が遅れ、多くの住民が犠牲になった教訓から、訓練では岡山県倉敷市真備地区の自宅が水没、全壊した山陽新聞（本社・岡山市）の記者を招き、避難の判断をいつすべきか、経験を聞きながら考える。

県災害対策課の担当者は「西日本豪雨や茨城県常総市での豪雨を目の当たりにするまで、エリア全体が水につかる災害への対応は考えられていなかったが、もはや人ごとではない。検討するだけでなく、実際にやってみることが大事だと考えた」と話す。

九月十九～二十日には、「伊勢湾台風六十年シンポジウム」を四日市市で開く。全国の自治体職員らが集い、国土交通省の担当者や三重大大学院工学研究科の川口淳准教授ら専門家が風水害の対策について話す。

伊勢湾台風から六十年たち、被災者が高齢化していることから、若い世代への伝承も課題となっている。県は九月二十一日、追悼式とともに研修会を開く。防災に力を入れる中学校や高校、大学が取り組みを発表するほか、学校の指導者に向けたパネルディスカッションで災害の教訓の伝え方を考える。県防災企画・地域支援課の担当者は「シンポジウムなどを通して、風水害対策のあり方を三重から全国に発信したい」と話している。

西日本豪雨で避難所となった岡山県倉敷市真備町地区の岡田小の体育館＝昨年7月12日撮影

伊勢湾台風で水没した旧長島町の市街地＝輪中の郷提供

愛知県海部郡や旧木曽岬村の海岸沿いでは、10㍍以上の高潮が堤防を乗り越え、人家を次々とのみこんでいった＝「写真集　愛知百年」中日新聞本社　昭和61年刊　災害から

資料5　2019年9月27日付朝刊

伊勢湾台風60年　私の証言　―伊勢志摩―　下

停電の暗闇に身を寄せ

伊勢市　下野　功純さん（68）

台風15号による停電が続く千葉県の被害映像を見るたびに、伊勢市鹿海町の無職、下野功純さん（六八）は思う。「あの頃と同じだ」。当時小学二年生だった六十年前の光景が、鮮明によみがえってくる。

「ラジオで、大きな台風が来るとだけ聞いていた」。父親と市内の自宅居間にいた午後八時ごろ、停電で真っ暗に。祖父母や三つ上の姉らと、木造平屋の家から、敷地内に建設途中だった鉄筋コンクリートの家に避難した。

強い南風に戸板がしなった。父と祖父は、戸板の内側にある二階のガラス戸を割れないようにと手探りで外したが、「暗くて見えず、足元に置いたガラス戸を祖父が足で踏み、その破片で切った腕が血だらけになった」。

下野さんは姉と二人で窓のない風呂場へ避難させられた。真っ暗で狭い中、身を寄せるようにしていた。

台風の目に入った。「あんなに雨風が吹いていたのに、その瞬間だけ星空が見えた」。それもつかの間、今度は強い北風が襲ってきた。家の北側には戸板はなく、下野さんら子どもも総動員でガラス戸が割れないように無我夢中で押さえなければならなかった。「風や雨が打ち付けるガシャガシャという音や、手に伝わる衝撃。今にも割れそうで本当に恐ろしかった」

夜が明け、倒壊を免れた自宅から外に出ると、道には周囲の家の瓦が散乱していた。見上げれば、瓦の土台の赤土がむき出しの屋根ばかり。通っていた四郷小学校の校舎は一部が崩れ落ちていた。

当時、手元にあったのはラジオだけ。事前に安全策を講じる知恵もなかった。「情報がなく、どうすればいいか分からなかった。昔とは家の造りも違うが、今なら事前に備える情報はたくさん得られる」

今、下野さん宅のほとんどの窓には雨戸用シャッターを設置してある。鹿海町自治会長になってからは毎年、町内の全住民を対象に、津波などを想定した避難訓練に熱を入れる。町内の危険箇所を住民で点検した独自のハザードマップも作った。

伊勢湾台風を体験したからこそ、下野さんは訴える。「千葉での大規模停電のように、台風ですら想像を上回る被害はこれからも出る。今だからこそ事前にやれることはある」と。（足達優人）

「今だからこそ事前にやれることはある」

伊勢湾台風について当時の様子を語る下野さん＝伊勢市楠部町の四郷地区コミュニティーセンターで

資料6　2019年9月1日付朝刊

生きるために―伊勢湾台風60年　上・「成功事例」示す教訓

死者0《ゼロ》 旧楠《くす》町《ちょう》の備え

伊勢湾台風の襲来から26日で60年を迎える。甚大な被害を受けた北勢地域の沿岸部で唯一、死者・行方不明者を出さなかった自治体があった。旧楠町（現・四日市市楠町）だ。災害では被害の大きさや広さに目が行きがちだが、被害のないケースに防災力強化のヒントがある。当時の資料や研究者の調査などから「成功事例」が示す教訓を紹介する。（梅田歳晴）

①伊勢湾台風で被害を受けた旧楠町を流れる三鈴川　②港に打ち上げられた船舶　③楠漁港＝いずれも四日市市立博物館所蔵

「水の力って恐ろしいもんだ」。当時、郵便局員の集配担当だった楠町南五味塚の田中定春さん（八四）は、仕事の傍ら、台風が通過した直後の町の様子を見て思った。松の木は倒れ、海近くにあった煮干し加工の小屋は軒並み流され、地域の大部分が水に漬かっていた。「えらいことになった」と驚いたという。

町史などによると、北の四日市市、南の鈴鹿市で海岸堤防が決壊。海水の大半が海抜ゼロメートル地帯の楠町内に流れ込み、南五味塚、北五味塚、吉崎地区など沿岸部の住宅地や農地を中心に浸水した。床上浸水約五百戸、全半壊や流失家屋七十戸余、負傷者九人に上ったが、死者・行方不明者はゼロだった。

意識強く 避難早く

一九七七～七九年に楠町などを現地調査した愛知工科大の安田孝志学長（海岸気象工学）は「水防意識が高く、地域コミュニティーの結びつきが強かった。避難は最後の命の砦《とりで》。住民の適切な早い避難が犠牲者ゼロにつながった」と指摘する。

【旧楠町の教訓】

- **自分たちの町や命は自らで守る意識**（4人に1人が水防団、消防団員）
- **町の状況をきめ細かく、正確に把握**（過去の水害経験や独自の水位計の設置など）
- **必要な情報は、自ら主体となって収集、発信**（早めの避難命令発令など）
- **良好な地域コミュニティーの維持**（適切な避難誘導行動）

楠町は鈴鹿川と伊勢湾に囲まれた地帯で、長年水害に苦しめられてきた歴史があった。伊勢湾台風の六年前には「13号台風」による高潮で被害を受けた。その被災後、町の陳情を受けた県が全面コンクリート造りの堤防を築き、伊勢湾台風の時に効果を発揮した。

当時の町助役だった故中川薫さんの存在も大きい。戦前に朝鮮総督府の土木技術者を務めた経験があり、水位、風力、水量計などを手作りして町内に設置。気象観測を基に日ごろから地域の実情に即した防災対策を立てていた。

その日も観測記録や短波ラジオで気象庁の情報を聞き、台風の進路や楠町に接近する時間帯を分析。水防会議で早めの避難命令を出すことを提案した。町は伊勢湾台風が紀伊半島に上陸する三時間前の午後三時には避難命令を出した。

安田学長によると、町人口の四分の一近い二千五百人が水防・消防団員として待機していた。一部は避難誘導に走った。消防車のサイレンや半鐘を用い、二千三百人余が避難した。

気候変動の影響で今、伊勢湾台風クラスかそれ以上の勢力を持った台風が襲来する可能性は常にある。安田学長は「ハード対策だけで、想定を超える災害を抑えるのは不可能。そのため、避難の重要性は当時よりもずっと増してきた」と言う。台風の強さや進路など気象予測の精度は上がり、避難には時間的余裕もある。「地域ぐるみの避難が円滑にできるように、日ごろから良好なコミュニティーの維持に努めることが大事」と強調した。

適切な避難行動の重要性を話す安田学長＝愛知県蒲郡市の愛知工科大で

高潮で海面4㍍上昇

伊勢湾台風の被害の大きさは高潮によってもたらされた。高潮は台風や発達した低気圧が海岸部を通過する際に海面が異常に高くなる現象。大量の海水が流れ込むと、堤防や建物が壊されたり、船が陸上に上がったりする。

海水面が高くなる理由は主に三つある。①強い風が沖から岸に向かって吹くことで海水が岸に吹き寄せられて海水面が上昇する（吹き寄せ効果）。②台風や低気圧の中心では気圧が周辺より低いため海水が吸い上げられる（吸い上げ効果）。③約半日の周期でゆっくりと上下する潮位（海水面の高さ）。

満潮に高潮が重なる場合や高潮時に危険な地形、海岸付近の低地、湾の奥部などでは海水面がさらに高くなる。伊勢湾台風で発生した高潮は最大で海水面が四㍍近くも上昇した。

高潮が発生する仕組み

高潮時に危険なところ

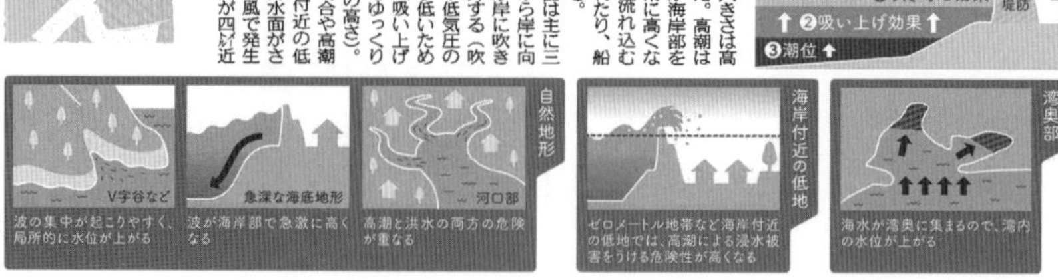

家庭

本事例のNIE
新聞活用・新聞機能・新聞制作

事例のアクティブラーニングの重点
主体的・対話的で深い学び

第6学年

共に生きる生活

1 小単元名 環境に配慮した生活（6時間扱い）

2 本時の目標 新聞記事をもとに自分の生活と身近な環境との関わりに関心をもち、身近な環境をより良くするための生活の仕方や方法を考える。

3 NIEとしての狙い 記事から生活や環境に関わる問題を見つけ、課題を設定し、改善方法を調べたり考えたりしてまとめる。

4 本時の展開（6時間）

時	主な発問	学習活動／○児童の反応	留意点／○資料等
1	（課題を見つける） •新聞を読んで、自分の生活や環境に関する記事を切り抜きましょう	○海のプラスチックごみに関する記事があったよ ○お店で販売している恵方巻がたくさん廃棄されている。もったいないな	○複数の新聞（子供新聞含む）
2〜3	（調べる） •切り抜いた記事を持ち寄り、「持続可能な開発目標（SDGs）」の17分野の視点で分類し、関心のある課題を選びましょう	○「SDGs」って何だろう ○私の記事は、海のごみ問題だから「海の豊かさを守ろう」にしよう ○ごみの記事は「つくる責任」「使う責任」にもあてはまるんじゃないかな	•「SDGs」とは：「誰1人取り残さない」という理念のもと2030年までに取り組む国連の行動計画で、15年に採択された。環境、貧困、人権など17分野の目標がある。
4〜5	（まとめる） •詳しく知りたいことは記事や本、インターネットで調べてノートにまとめ、どうやって生活に生かすか考えましょう	○「食品ロス」を減らすため、クリスマスケーキを完全予約制にした記事があるよ ○海のごみ汚染についてインターネットで調べたら、亀やクジラがレジ袋を食べて死んでいた。かわいそう。どうしたらごみを減らせるかな	•関連記事が見つからない児童をサポートする。 •同じテーマの児童には、情報交換を促す。自分の考えを深め、新たな視点に気付くきっかけになる。 •まとめ作業は、リーフレット、ノート、模造紙、ファイルなどを用意する。
6	（発表する） •1人3分程度で、興味を持った課題と気付いた点、どうやって生活に生かし、行動するのか発表しましょう	○私は海のプラスチックごみの記事に興味を持ち、調べました……家族で相談し、スーパーでレジ袋を利用しないよう、エコバッグを持参することにしました。外出する際は水筒を持ち歩き、ペットボトルの使用は控えます	•個々にまとめたノートをもとに発表させる。 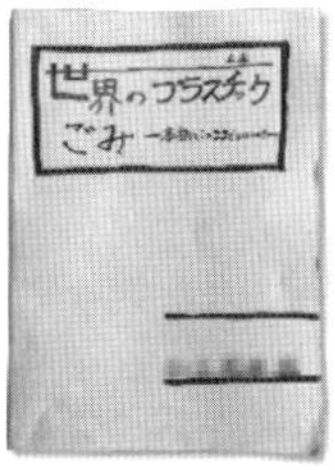

5 実践例

記事を読み環境に関する問題を探る

詳しく知りたいことは iPad も活用

「SDGs」の観点で記事を分類し資料として活用

図工

本事例のNIE
新聞活用・新聞機能・新聞制作

事例のアクティブラーニングの重点
主体的・対話的で深い学び

第1学年

「ひら」「くる」「びり」っと しんぶんし

❶ 小単元名 **造形あそび**（2時間扱い）

❷ 本時の目標 素材としての新聞紙との関わりを楽しみ、広げたり巻いたり裂いたりしたときの感覚や、できた形などを想像し、主体的に表現したいことを思いつく。他の児童と関わり、活動の工夫やアイデアにつなげる。

❸ NIEとしての狙い 素材としての新聞紙（大きさ、枚数、質感、音、においなど）に親しみながら、記事にある写真や文字に関心を持つ。新聞紙との関わりから、作りたいという意欲を高め活動につなげる。

❹ 本時の展開（2時間）

時	主な発問	学習活動／○児童の反応	留意点／○資料等
1	（導入） • 新聞でどんなことができるか考えよう • 先生は小学生の頃、新聞でかぶとを作ったり、チャンバラごっこをしたりしたよ	▶新聞を「ひろげる、まとめる、さく」の三つの観点を提示し、活動のヒントにする。 ○どれだけ長く切れるかやってみよう ○秘密基地を作りたいな	• あらかじめ新聞の片づけ方を指導しておくとよい。 • 長く切るための試行錯誤から、紙の目の特徴に気付かせたい。 ○新聞を１人につき、複数枚
2	（展開） • 友達と一緒に取り組んでもいいよ • みんなで協力すると何ができるかな	○一緒におうちを作って遊ぼうよ ○新聞を着て変身するよ ○細く巻いた新聞を、おうちの柱にしよう。かたくて丈夫な柱になるよ	•「チャンバラごっこ」等で新聞を細く巻くと丈夫になることや、建物づくりをしている児童がそれを柱にできることに気付かせたい。友達と関わることで、新たな発想を生み出せるとよい。

❺ 実践例

細く巻いたら丈夫になるぞ！

こっちの向きだと
まっすぐ長く切れるよ！

ひろげる
まるめる
さ く

作ったもので楽しく遊ぶ活動を通し、児童は友達の工夫や面白さを感じ、自分自身の取り組みを振り返る。このようにして身に付けたものが、後の造形活動にも生きてくる。

みんなであそべる
おうちができたよ！

授業の最初に、三つの観点を提示し、活動の見通しを立てるとともに工夫の手掛かりにした。

音楽

本事例のNIE
新聞活用・新聞機能・**新聞制作**

事例のアクティブラーニングの重点
主体的・**対話的**で深い学び

第2学年

新聞でどんな音ができるかな

❶ 小単元名 音楽づくり（1時間扱い）

❷ 本時の目標 身近な素材である新聞紙を使い、自らいろいろな音をつくって楽しむ。一人一人が音に着目し、友達と関わり合いながら「どんな音づくりができるか」という視点で想像力を広げ、自己表現力を磨く。

❸ NIEとしての狙い 丸める、破く、こすり合わせる、たたく、揺らすなどして、新聞一つで多様な音がつくれる面白さや素晴らしさに気付く。

❹ 本時の展開

主な発問	学習活動／○児童の反応	留意点／○資料等
（導入） •どうしたら新聞で音を出せるかな •いろいろな方法を考え音を出してみよう	○丸めたら「クシャクシャ」音がする ○破ってもいいのかな ○揺らすと「パサパサ」する	○新聞を１人につき、１日分 •新聞を破って使ってもよい旨、伝える。 •あらかじめ新聞の片づけ方を指導しておくとよい。
（音づくり） •丸めて切ったり、細かく破ったりして面白い音やお気に入りの音を見つけたかな	○たたいても音がするね ○ほかに何かあるかな	•方法が見つからなくて困っている児童がいたらサポートする。
（紹介） •グループになって、見つけた音を紹介しよう	○私はこんな音を作ったよ ○気がつかなったけど、いろいろな方法があるね。新聞ってすごい ○楽しいな	•チャンバラごっこが始まる場合もあるが、安全面に配慮しつつ、児童の音の表現力を磨く場として見守る。
（発表） •グループの中で、１人ずつ考えた音を組み合わせて発表しよう	○私たちの班は……	•組み合わせることで音づくりを楽しむ児童や、たたき方の強さや速さを変えると音が変わることに気付き、音楽的な見方で活動する児童を称賛する。

❺ 実践例 揺らす、丸める、破る、たたく、こすり合わせるをヒントに音づくりに挑戦する。

活動1「丸めて破る！」
二つの音を組み合わせて「クシュクシュ～、ジャッ、ジャッ、ジャ～」とリズムよく音づくり。最後はジャンプして、体全体で楽しむ。

活動１の児童は発表の際、新聞を細く割いて束ねて新聞で作った棒の先に付けたものを二つ作り、左右に揺らしながら「風の音」と紹介している。友達のやっていることに刺激を受け、自分がつくりたい音に向けて活動内容がつながる。

活動2「新聞＋新聞」
広げた新聞を棒のように丸めた新聞でたたいている様子。鼓とバチの手作り楽器の出来上がり。

参考情報 ①

NIEウェブサイトをご存じですか？

NIEウェブサイトでは、「新聞を活用した教育実践データベース」や新聞各社による学習用ワークシート、記者らが学校に出向いて新聞のつくり方や取材にまつわる話などを解説する「出前授業」の紹介など、多彩なコンテンツをそろえています。新聞協会主催「いっしょに読もう！新聞コンクール」のページもあります。ぜひご活用ください。

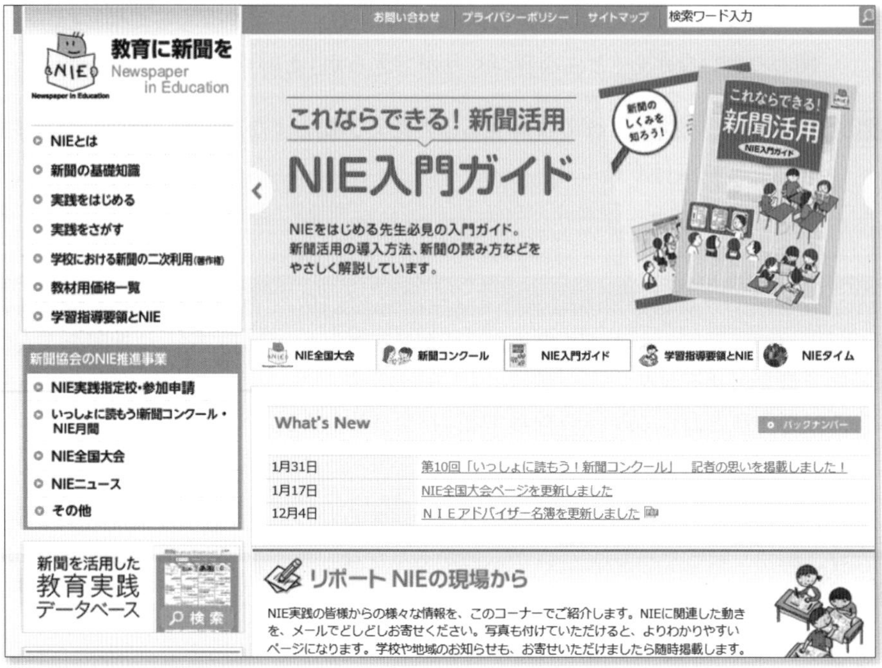

特長

〈新聞を活用した教育実践データベース〉

- 小・中・高・特別支援学校あわせて1200件以上の授業例を紹介
- 初めてNIEに取り組む先生たちへのサポートとして「初心者向け授業例」も掲載
- 「主権者教育」「スクラップ」などのキーワードからもラクラク検索

〈学習用ワークシート〉

- 全国の新聞社が提供する記事やコラム、社説などを素材にしたワークシートを紹介
- タイムリーな話題の詰まった学習材を手軽に入手可能
- 小学校低学年から高校生まで、国語や社会のほか、理科や算数・数学など各教科に対応

詳しい情報は
こちら
▼

参考情報 ②

ニュースパークのご案内

横浜市にある体験型ミュージアム、「ニュースパーク」(日本新聞博物館)では、歴史と現代の両面から、情報社会や新聞、ジャーナリズムの役割について学習できます。校外学習にも最適!!　詳しくはウェブサイトをご覧ください。

◀詳しい情報はこちら

教科・領域での活用 執筆者一覧（50音順、敬称略）

朝倉　一民（札幌市立伏見小学校主幹教諭）　社会18ページ、道徳32ページ

岡本　治美（国分寺市立第五小学校主任教諭）　道徳34ページ

材木　優佳（国分寺市立第五小学校主任教諭）　国語6ページ

杉山　美佳（川崎市立栗木台小学校総括教諭）　国語12ページ、総合30ページ

関戸　　裕（岩手大学教育学部附属小学校教諭）　社会22ページ、総合26ページ

武久　隆弘（伊勢市立早修小学校校長）　国語14ページ、社会24ページ、特別活動48ページ

西澤亜也子（北区立八幡小学校主幹教諭）　英語44ページ

平山　立哉（大分市立坂ノ市小学校教頭）　社会16ページ、生活40ページ、体育（保健）42ページ

堀内　多恵（宇都宮市立豊郷中央小学校教諭）　国語10ページ、社会20ページ、総合28ページ

増渕　優花（国分寺市立第五小学校教諭）　特別活動46ページ

宮里　洋司（三原市立糸崎小学校教頭）　理科38ページ

若生　佳久（明石市立二見西小学校主幹教諭）　国語8ページ、算数36ページ

家庭51ページ　宇都宮大学教育学部附属小学校の鈴木紀子教諭と石崎由紀教諭の実践報告書をもとに新聞協会事務局で編集

図工52ページ　同校の笹竹大樹教諭の実践報告書をもとに新聞協会事務局で編集

音楽53ページ　同校の関口真美教諭の実践報告書をもとに新聞協会事務局で編集

◉監修

関口　修司（日本新聞協会NIEコーディネーター）

新聞で授業が変わる
学習指導要領に沿って
NIEガイドブック 小学校編　定価330円（本体300円＋税）

2020年3月初版
2024年4月第2版

発行　一般社団法人 日本新聞協会
〒100-8543 千代田区内幸町2-2-1 日本プレスセンタービル7階
電話：03-3591-4410　ファクス：03-3592-6577
ウェブサイト：https://nie.jp